1초 만에 재무제표 읽는 법

실전편

"1-BYO!" DE ZAIMU SHOHYO WO YOMU HOHO <JISSEN-HEN> by Kazuyoshi Komiya

Copyright © 2009 by Kazuyoshi Komiya
All rights reserved
First published in Japan by TOYO KEIZAI INC., Tokyo

This Korean edition published by arrangement with TOYO KEIZAI INC., Tokyo
In care of Tuttle-Mori Agency, Inc., Tokyo through Yu Ri Jang Literacy Agency, Seoul.

실전편

1초 만에
재무제표
읽는 법

고미야 가즈요시 지음

김정환 옮김

"회계는 어렵다", "친숙해지기 어렵다"라는 이야기를 종종 듣습니다. 저는 직업이 경영 컨설턴트인데다가 10여 곳에 이르는 회사에서 이사 또는 감사역을 맡고 있어 경영 회의나 이사회에 참석할 기회가 많은데, 경영 간부이면서도 재무제표를 제대로 읽지 못하는 분들이 제법 많습니다. 그러나 재무제표를 '읽는' 것은 사실 그다지 어려운 일이 아닙니다.

회계에 친숙해지기 어려운 이유는 먼저 '정해진 규칙'이 있기 때문입니다. 회계는 경제나 법률처럼 원래 현실 사회에 있었던 현상을 분석하거나 체계화한 것이 아닙니다. 먼저 '규칙'을 정하고 그것으로 회사의 재무 내용을 쉽게 파악하는 것입니다(대차대조표의 좌변에 '자산'을, 우변에 '부채'와 '순자산'을 기록하는 것은 하나의 약속이지 자연발생적으로 생긴 것이 아닙니다).

그리고 회계가 어려운 또 하나의 이유는 분개 등 재무제표를 '작성하는 법'을 통해 회계를 이해하려고 하기 때문입니다. 제 경험으로 보건대, 경리나 재무와 관계가 없는 대부분의 비즈니스맨이나 경영자는 분개 수준의 지식을 갖출 필요가 전혀 없습니다. 재무제표를 읽는 기본적인 방법만 알면 충분합니다. 대부분의 비즈니스맨은 컴퓨터를 만드는 법 따위는 모르지만, 그럼에도 컴퓨터를 능숙하게 활용할 수 있지 않은지요? 이와 마찬가지입니다. 작성하는 법을 몰라도 재무제표를 충분히 읽을 수 있습니다.

저는 메이지대학 회계대학원에서 특임교수로서 '경영 분석'과 '전략 관리회계', '원가관리' 등을 가르쳤는데, 제자들의 대부분은 재무제표를 읽을 줄 몰랐습니다. 특히 경영적으로 재무제표를 읽는 지혜는 전무하다고 해도 무방할 정도였습니다(물론, 가르쳐주니 이후에는 읽을 수 있게 되었습니다). 사실 그들 대부분은 부기 1급 정도의 실력을 지닌 사람들입니다. 즉 재무제표를 작성하는 법은 잘 알고 있지만 읽는 법은 제대로 알지 못한 것이지요. 컴퓨터와 마찬가지로 만드는 법과 읽는 법은 별개입니다. 재무제표를 작성하는 법을 안다고 해서 그것을 읽을 줄 아는 것은 아니며, 반대로 작성법 따위는 모르더라도 충분히 읽을 수 있습니다. 몇 시간만 투자해 약간의 '규칙'을 배운다면 누구나 재무제표를 읽을 수 있습니다. 실제로 많은 기업에서 재무제표 읽는 법을 가르쳐 온 경험에 근거하여 말할 수 있습니다.

여러분의 성원 덕분에 전작인 《1초 만에 재무제표 읽는 법 : 기본편》은 20만 부가 넘는 베스트셀러가 되었습니다. 전작이 재무제표를 경영적으로 쉽게 읽어내는 데 집중했다면 이 《실전편》은 회계와 재무제표의 ABC부터 체계적으로 가르쳐주고 있습니다. 기본편이 재미와 실용에 무게를 두었다면 이 책은 개념을 공부하는 데 도움이 될 것입이다.

이 책에서는 '대차대조표 기초(제1장)'와 '대차대조표 응용(제2장)', '손익계산서 기초(제3장)'와 '손익계산서 응용(제4장)', 그리고 '현금흐름계산서'(제5장)의 순서로 되어 있습니다. 또 그 과정에서 각 재무제표의 기본적인 얼개와 개념을 실제 기업의 현재 수치를 예로 들어 설명했습니다. 그리하여 순서대로 읽어나가면 재무제표를 읽는 능력이 향상되도록 궁리했습니다. 시사적인 이야깃거리도 몇 가지 소개했으며, 전작처럼 여러분이 회계의 개념을 심도 있게 이해할 수 있도록 거시경제적인 이야기와 경영에 관한 것들을 '회계적'으로 분석했습니다.

이 책을 다 읽고 난 뒤 신문이나 잡지 등에서 회계와 관련된 이야기를 지속적으로 접한다면 회계와 재무제표를 경영적으로 이해하는 능력이 더욱 향상될 것이라고 확신합니다. 꾸준히 축적해 나가는 것이 중요합니다. 이 책을 통해 여러분이 재무제표를 읽는 능력을 향상시키고, 나아가서는 여러분의 비즈니스 능력을 높이는 계기가 된다면 글쓴이에게 그보다 기쁜 일은 없을 것입니다.

고미야 가즈요시

차 례

머리말 • 004

 대차대조표로 안전성을 분석한다 [기초]

대차대조표로 안전성을 분석한다 [응용]

손익계산서로 수익성을 분석한다 [기초]

Part 4 손익계산서로 수익성을 분석한다 [응용]

Part
5

현금흐름계산서로 자금력을 분석한다

제1장

대차대조표로
안전성을 분석한다

· · · · · ·

기초

대차대조표는 기업의 안정성을 분석하는 데 가장 중요한 재무제표다. 대차대조표라고 하면 왠지 어렵게 생각하는 사람도 있을지 모르지만 사실은 그렇지 않다. 익숙해지면 간단하게 읽을 수 있다.

이 장에서는 대차대조표를 해석하는 데 기본이 되는 중요한 포인트를 순서대로 설명할 것이다.

📕 회사의 실력은
'안전성 → 수익성 → 성장성'의 순서로 살핀다

어떤 회사의 재무제표를 보고 그 회사의 실력을 파악할 때 내가 생각하는 우선 순위는 ① 안전성, ② 수익성, ③ 성장성이다. 어떤 사항을 실천적으로 볼 때는 반드시 우선 순위가 필요한데, 나는 이 순서를 바탕으로 재무제표를 본다(도표1-1).

회사의 '안전성'을 파악하는 것이야말로 재무제표를 읽을 때 가장 중요시해야 하는 점이다. 그러므로 뭐니 뭐니 해도 단기적으로 도산할 우려가 있는지의 여부를 가장 먼저 살펴야 한다. 아무리 수익 능력이 있어도 얼마 안 있어 도산하게 된다면 아무런 소용이 없다. 도산은 주식을 산 투자가, 돈을 빌려준 은행, 상품을 팔아 여신을 제공한 매입처, 회사에서 일하고 있는 종업원 등 회사의 이해관계자들에게 가장 커다란 영향을 주기 때문이다. 당연한 말이지만, 회사가 도산하면 회사 자체가 사라진다. 주식도 융자도 채권도 전부 그 가치를 잃고 만다. 고용 유지는 언감생심이다.

그리고 안전성이 확보되어 당장 도산할 걱정이 없다면 다음에는 '수익성'을 본다. 즉 충분한 이익을 내고 있느냐다. 수익을 올리지 못하면 회사의 상황이 점점 악화되어 장기적인 안전성에 영향을 끼치게 되기 때문이다.

수익성을 분석했다면 다음에 봐야 할 것은 '성장성'이다. 현재의 안전성

도표1-1 재무제표를 검토할 때의 순서

이나 수익성을 유지 발전시킬 수 있느냐, 향후 발전 가능성이 있느냐다. 벤처기업에 투자할 때는 성장성을 최우선으로 삼기도 하지만, 그렇다고 안전성을 무시해도 되는 것은 아니다. 회사가 얼마 안 있어 도산해 버린다면 성장이고 뭐고 아무런 의미가 없다. 또 벤처 투자를 주로 하는 벤처 캐피털 등 하이리스크·하이리턴의 도박적인 요소가 강한 예외적인 경우다.

그러므로 일반적으로 회사를 볼 때는 경영의 관점에서나, 투자·융자·여신의 관점에서나, 또 취업이라는 관점에서나 모두 '안전성' → '수익성' → '장래성'의 순서로 살펴야 한다.

안전성을 검토할 때는 '**대차대조표**'를 분석해야 한다. 수익성을 검토할 때는 '**손익계산서**'와 '**현금흐름계산서**'를 분석한다. 대차대조표가 아닌 재무제표의 관련지표 분석도 필요하다. 물론 이익이나 현금흐름은 안전성과도 깊은 관련이 있다.

🔢 대차대조표에는 '운용'과 '조달'이 나타나 있다

　　대차대조표는 원칙상 좌변과 우변으로 나뉘어 있다. **좌변에**
는 '**자산**'이 기재되어 있으며, **우변은 '부채'와 '순자산'이** 적혀 있다.

　'**자산**'은 회사의 재산을 나타낸다. 그 재산을 '현금과 예금', '건물과
건축물', '토지'와 같은 계정과목으로 분류하고, 원칙적으로는 취득했
을 때의 가격으로 기재한다. 기업은 이러한 자산을 사용해(여기에 비용
을 추가해) 매출액이나 이익을 낸다(도표1-2).

　자산 중 현금·예금이나 외상판매대금처럼 현금에 가까운 것, 또 재
고자산과 같이 바로 사용할 예정인 것을 '**유동자산**'이라고 하며, 토지
나 기계, 투자유가증권처럼 장기간에 걸쳐 사용하거나 보유할 예정인
것을 '**고정자산**'이라고 한다. 이것이 대차대조표의 좌변이다.

　한편 자산을 구입하기 위해서는 자금이 필요한데, **그 자금의 출처를**
나타낸 것이 대차대조표의 우변이다. '**부채**'와 '**순자산**'으로 나뉘어 표
기되어 있다. 참고로 '순자산'은 예전에 '자본'이라고 불렸다. 부채와
순자산을 가지고 자산을 마련하므로 좌변의 합계와 우변의 합계는 반
드시 일치한다. 이것이 대차대조표를 '**밸런스 시트**(Balance Sheet)'라고
부르는 이유다. 다음 페이지에 세제와 욕실 용품 전문 기업 〈가오〉의

도표 1-2 대차대조표는 운용과 조달

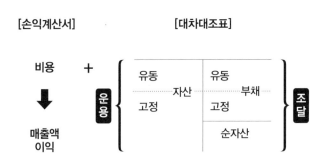

대차대조표를 실었으니, '자산은 재산'이며 그것을 마련하기 위한 자금을 '부채와 순자산'으로 조달한다는 감각을 익히자. 〈가오〉는 2009년 3월기 결산에서 약 1조 1,197억 엔의 자산을 5,655억 엔의 부채와 5,542억 엔의 순자산으로 마련했다. 대차대조표를 보고 확인하기 바란다(도표1-3).

ⓘ 부채와 순자산의 차이를 아는 것이 가장 중요하다

회사를 경영할 때 가장 중요한 점은 바로 **부채와 순자산의 차이를 아는 것이다**. 자산을 조달한 돈 가운데 **미래의 어느 시점에 반드시 갚**

도표1-3 〈가오〉의 대차대조표

(단위: 백만 엔)

2009년 3월 31일			
자산		**부채**	
유동자산		**유동부채**	
현금과 예금	53,830	지급어음과 외상매입대금	95,036
받을 어음과 외상판매대금	126,584	단기차입금	16,402
유가증권	54,714	1년 이내 상환 예정인 장기차입금	22,183
재고자산	–	미지급금	29,398
상품과 제품	80,310	미지급 비용	72,626
재공품	16,344	미지급 법인세 등	13,228
원재료와 저장품	21,393	기타	21,863
선급비용	5,401	유동부채 합계	270,741
이연법인세자산	24,873	**고정부채**	
기타	21,902	사채(社債)	99,996
대손충당금	▲1,528	장기차입금	136,900
유동자산 합계	403,826	퇴직급여충당금	36,000
고정자산		임원퇴직위로 충당금	–
유형고정자산		기타	21,842
건물과 구축물	310,449	고정부채 합계	294,741
감가상각 누계액	▲229,682	**부채 합계**	**565,482**
건물과 구축물(순액)	80,767		
기계 장치와 운반구	615,840		
감가상각 누계액	▲535,245		
기계 장치와 운반구(순액)	80,595		
공구, 기구와 비품	73,132		
감가상각 누계액	▲60,979		
공구, 기구와 비품(순액)	12,152		
토지	65,469		
리스 자산	9,755		
감가상각 누계액	▲979		
리스 자산(순액)	8,776		
건설 가계정	9,713		
유형고정자산 합계	257,474	**순자산**	
무형고정자산		주주자본	
영업권	206,264	자본금	85,424
상표권	108,137	자본잉여금	109,561
기타	34,043	이익잉여금	431,799
무형고정자산 합계	348,445	자기주식	▲11,038
투자와 기타자산		주주자본 합계	615,745
투자유가증권	12,320	평가 · 환산 차액 등	
장기 대부금	1,842	기타 유가증권 평가 차액금	2,090
장기선급비용	13,066	이연헤지손익	▲11
이연법인세자산	63,263	외화환산 손익조정계정	▲70,134
기타	19,636	기타 평가 · 환산 차액 등	▲2,459
대손충당금	▲198	평가 · 환산 차액 등 합계	▲70,515
투자와 기타자산 합계	109,930	신주 예약권	838
고정자산 합계	**715,850**	소수주주지분	8,124
이연자산	**–**	순자산 합계	554,194
자산 총합	**1,119,676**	**부채 순자산 총합**	**1,119,676**

부채와 순자산으로 조달

자산으로 운용

아야 할 의무가 있는 것이 '**부채**'다. 한편 '순자산'은 주주에게 위탁받은 것인데, 기업을 해산이라도 하지 않는 한 갚아야 할 의무는 없다(장래에 상품이나 서비스를 건네줘야 할 의무도 부채에 포함되는데, 이것을 건네주지 못하면 역시 자금상환 의무가 발생한다).

왜 이것이 가장 중요할까? 기업은 부채를 갚지 못하게 되면 도산하기 때문이다. 순자산을 갚지 못해 망하는 일은 없다. 기업 경영에서 가장 중요한 대전제는 말할 것도 없이 회사를 존속시키는 것인데, 어느 정도 이상으로 부채를 늘리면 회사의 도산 리스크가 높아진다. 달리 말하면 **자산을 조달한 돈 중에서 부채의 비율을 일정 이하로 억제하는**(즉 순자산의 비율을 일정 이상으로 유지하는) 것이 중요하다(이것이 다음 장에서 설명할 '자기자본비율'이다). 실적이 호조를 보이며 꾸준히 성장할 때는 자금조달의 대부분을 부채로 해결해도 괜찮을 수 있다. 그러나 경기 변동으로 매출액이나 이익이 생각만큼 오르지 않으면 부채의 부담이 회사를 무겁게 짓누르기 시작한다. 특히 매출이 떨어지면 부채 상환을 위한 자금조달에 어려움을 겪게 된다.

부채를 어느 정도 이상 늘리지 않도록 조절하는 것이 기업 경영의 철칙이다. 안정성을 볼 때도 부채의 비율을 확인하는 것이 중요하다. 그렇다면 그 '어느 정도'란 어느 정도일까? 사실 이것은 기업마다 다르기 때문에 '일반적으로 이렇다!'라고 간단하게 말할 수는 없지만, 그래도 일반적인 기준은 존재한다. 그러면 기업의 안전성을 나타내는 지표를 순서대로 살펴보도록 하자.

🔵 중장기적 안정성을 볼 때 – '자기자본비율'

부채의 비율을 생각할 때 중요한 지표에는 먼저 '**자기자본비율**'이 있다. '자기자본비율'이란 자산을 조달한 돈 가운데 상환할 의무가 없는 순자산이 차지하는 비율을 말한다. 식으로 나타내자면 '**순자산 ÷자산**'이다. 이 자기자본비율은 기업의 중장기적인 안정성을 나타내는 지표다. 업종이나 자금조달 상황에 따라 다르므로 어디까지나 일반론일 뿐이지만, 설비 등의 고정자산이 많이 필요한 업종은 20퍼센트 이상, 재고자산 등의 유동자산이 많은 업종은 15퍼센트 이상이 안전성의 기준이다. 10퍼센트 이하는 어떤 업종이든 과소 자본이므로 주의가 필요하다.

자기자본비율은 기업의 중장기적인 안정성을 나타내지만 반드시 단기적인 안전성까지 나타내는 것은 아니다. 자기자본비율은 중요한 지표이지만 이것만으로는 충분하지 않기 때문에 뒤에서 소개할 몇 가지 지표와 함께 보는 것이 중요하다.

자기자본비율을 정의할 때 분자에 순자산 전부가 아니라 일부만을 사용하는 방식도 있다. 그러나 나는 자산을 조달한 자금 중에서 상환 의무가 없는 자산의 비율이라는 기초적인 개념에 충실한다면 분자에 순자산을 전부 포함하는 편이 낫다고 생각한다. 이 편이 계산하기도 편하다.

도표1-4 자기자본비율

$$\text{자기자본비율} = \frac{\text{순자산}}{\text{자산}}$$

자산을 조달한 자금 중 상환 의무가 없는 자금의 비율

ⓘ '1초'만 재무제표를 볼 수 있다면 '유동비율'을 본다

만약 재무제표를 단 1초밖에 볼 수 없다면 내가 볼 곳은 정해져 있다. 바로 유동자산이 유동부채보다 많은가 적은가다(도표1-5).

앞에서 "기업은 부채를 갚지 못하게 되면 도산한다."라고 썼는데, 정확히 말하면 유동부채를 갚지 못하면 도산한다. 부채는 장래의 어느 시점에 반드시 갚아야 할 의무가 있는 자금인데, 그중에서 **유동부채는 '1년 이내에' 상환할 의무가 있는 부채**다. 만기가 1년 이상인 부채는 '고정부채'다. 이 유동부채를 상환할 자금이 유동자산이므로 유동부채보다 많은지를 보는 것이다. 이것도 합계 금액이 대차대조표에 기재되어 있으므로 1초면 확인할 수 있다.

유동부채에는 구매를 했지만 자금을 지급하지 않은 '외상매입대금'

도표1-5 〈파나소닉〉의 대차대조표

(단위: 백만 엔)

과목	2008년도 말 (2009년 3월 31일 현재)
유동자산	3,194,694
현금과 현금 동등물	973,867
정기 예금	189,288
단기 투자	1,998
받을 어음	42,766
외상판매대금	743,498
대손충당금	▲21,131
재고자산	771,137
기타유동자산	493,271
투자와 대부금	551,751
유형고정자산	1,574,830
기타자산	1,082,041
자산 합계	6,403,316
유동부채	2,000,428
단기차입금	94,355
지급어음	38,202
외상매입대금	641,166
기타 유동부채	1,226,705
고정부채	1,190,307
사채와 장기차입금	651,310
기타 고정부채	538,997
소수주주지분	428,601
자본금	258,740
자본잉여금	1,217,764
이익준비금	92,726
기타잉여금	2,479,416
기타포괄이익 누계액 (▲는 손실)	▲594,377
자기주식	▲670,289
자본 합계	2,783,980
부채, 소수주주지분 및 자본 합계	6,403,316

유동자산이 유동부채보다 많은지 1초면 확인할 수 있다

주) 미국 회계기준의 개시 방법에 따른 것.

과 어음을 발행한 '지급어음', 1년 이내에 상환해야 하는 '단기차입금', 그리고 결산시점에 계상하는 '미지급 법인세'(법인세 등은 결산이 확정되어야 납부할 수 있기 때문에 결산시점에서는 부채가 된다) 등이 있다. 그 밖에 지급 의무가 있는 '미지급금'과 나중에 상품이나 서비스를 제공할 의무가 있는 '선수 수익' 등도 유동부채에 속한다. 이러한 것들은 일반적으로 결산시점으로부터 1년 이내에 지급하거나 상품 또는 서비스로 제공할 의무가 있다(제공해야 할 상품이나 서비스를 제공하지 못하면 결국은 돈을 되돌려 줘야 하므로 자금상환 의무가 있는 셈이다).

이 유동부채의 상환이 불가능해지면 바로 도산할 가능성이 높아진다. 가장 무서운 것은 지급어음과 단기차입금이다. 어음 결제나 차입금 상환은 은행이 거래 상대다. 만약 어음 결제가 두 번 연속으로 지연되면 '은행 거래정지'가 되어 사실상 도산하게 된다. 지급어음과 단기차입금은 모두 유동부채에 속한다(그런데 '지급어음'이 무엇인지 아는가? 들어 본 적은 있지만 직접 본 적은 없는 사람도 꽤 많지 않을까 싶다. 어음은 작은 봉투 크기 정도의 직사각형 종이인데, 여기에 '금액 ○○을 언제(기일) △△은행에 결제한다(지급한다).'라는 내용이 적혀 있다. 기일에 정해진 금액을 갚지 못하는 상황이 두 번 일어나면 은행은 거래를 정지하므로 회사는 도산한다).

한편, '**유동자산**'에는 '**현금과 예금**' 외에 상품이나 서비스를 팔았지만 아직 대금을 받지 않은 '**외상판매대금**', 그 대금을 어음으로 받은 '**받을 어음**', 단기매매 목적의 '**유가증권**', 상품이나 제품, 재공품, 원재료 등의 재고를 나타내는 '**재고자산**', 다음 기의 비용을 선지급했을 때 나타

도표1-6 유동비율

$$유동비율 \ = \ \frac{유동자산}{유동부채}$$

일반적으로 120% 이상이면 안전하지만 업종에 따라 차이가 있다

나는 '**선급비용**' 등이 있다. 현금·예금이나 통상적인 영업 사이클에서 회수, 사용되는 것, 또는 1년 이내에 매각할 예정인 것 등이 유동자산이다.

그런 가운데 유동자산이 유동부채보다 많이 있으면 당장은 자금 융통에 어려움이 없다고 생각해도 무방하다. 즉 재무제표를 1초밖에 볼 수 없다면 유동부채보다 유동자산이 많은지를 보면 된다. 유동자산이 유동부채보다 많은지, 즉 100퍼센트 이상인지 이하인지가 중요하며, 이 유동자산을 유동부채로 나눈 비율을 '**유동비율**'이라고 한다. 기업의 안전성을 검토할 때 매우 중요한 지표다.

일반적으로는 유동비율이 120퍼센트 정도면 당장의 자금 융통에는 문제가 없다. 다만 **이것도 어디까지나 일반론이며 각 기업의 자금융통 상황이나 업종에 따라 큰 차이가 있다**(도표1-6).

ⓐ 단기적 안전성을 보는 '당좌비율'도 중요하다

　　유동자산 중에는 '당좌자산'이라고 부르는 것이 있다. 도표의 유동자산 중 현금과 예금, 유가증권, 외상판매대금과 받을 어음에서 대손충당금을 뺀 것이다. 유동자산 중에서도 급한 상황이 닥쳤을 때 좀 더 현금화하기 쉬운 자산을 가리킨다(도표1-7).

　　'대손충당금'은 무엇일까? 대손충당금이란 외상판매대금이나 받을 어음, 혹은 단기 대출금 등 가운데 거래 상대의 도산 등의 이유로 수령이나 회수가 불가능해질 가능성이 높은 금액이다. 이러한 금액이 발생하면 즉시 대손충당금으로 잡아 외상판매대금이나 받을 어음의 마이너스로 계상함과 동시에 손익계산서상에서 비용으로 처리해야 한다. 재무 내용이 나쁜 기업은 손실 처리를 하면 재무 내용이 더 악화되기 때문에 대손이 발생해도 손실처리를 하지 않고(=대손충당금을 쌓지 않고) 외상판매대금을 그대로 놔둘 경우가 있다. 이것이 바로 분식(粉飾)인데, 자세한 설명은 뒤에서 하겠다.

　　그 **당좌자산을 유동부채로 나눈 것이 당좌비율**이다. 이 비율도 유동비율과 마찬가지로 기업의 단기적인 안전성을 볼 때 중요한 지표다. 당좌자산은 유동자산 중에서 재고자산처럼 급할 때 바로 현금화하기가 어려운 자산을 뺀 것이기 때문이다. 일반적으로 재고자산은 급한 상황에서 현금화하기가 매우 힘들다. 재고자산에는 크게 나누면 **'제품 재고'**와 **'재공품**(제조 과정에 있는 제품)**', '원재료 재고'**가 포함된다. 그러나 원

도표1-7 당좌비율

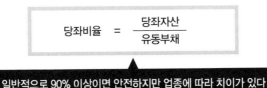

$$당좌비율 = \frac{당좌자산}{유동부채}$$

일반적으로 90% 이상이면 안전하지만 업종에 따라 치이가 있다

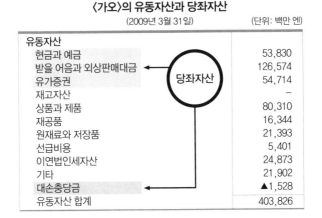

〈가오〉의 유동자산과 당좌자산
(2009년 3월 31일) (단위: 백만 엔)

유동자산	
현금과 예금	53,830
받을 어음과 외상판매대금	126,574
유가증권	54,714
재고자산	–
상품과 제품	80,310
재공품	16,344
원재료와 저장품	21,393
선급비용	5,401
이연법인세자산	24,873
기타	21,902
대손충당금	▲1,528
유동자산 합계	403,826

당좌자산

재료는 다른 회사에 전매할 수 없는 것도 많으며, 재공품은 그 상태로 는 팔 수 없다. 또 제품도 쉽게 팔 수 있다면 자금융통 때문에 고생하 지 않았을 터이므로, 급히 자금이 필요할 때의 안전성을 살피려면 당 좌자산을 사용한 당좌비율을 보는 편이 효과적이다. 미국에서는 이 지

표를 'Quick Ratio' 또는 'Acid Test'라고 부르며 중요시한다. 일반적으로 당좌비율이 90퍼센트 이상이면 단기적인 안전성에는 문제가 없다고 알려져 있다.

그러나 앞에서 설명한 유동비율이 그랬듯이 당좌비율도 기업이나 업종에 따라 안전하다고 할 수 있는 수치가 다르다. 당좌자산에는 유동자산과 마찬가지로 외상판매대금과 받을 어음이 포함되어 있기 때문이다. 외상판매대금이 그다지 발생하지 않는 철도업과 같은 경우에는 매일 현금이 들어오기 때문에 당좌비율이 일정치보다 많이 낮아도 안전성에 문제가 없다. 반대로 개호업계(고령자에 대한 종합적인 요양서비스를 제공하는 업체)처럼 외상판매대금이 많이 발생하고 외상매입대금은 거의 없는 업종은 매달 급여 등을 지급해야 하기 때문에 당좌비율이 90퍼센트를 크게 웃돌아도 자금융통에 어려움을 겪을 때가 있다. 유동비율도 마찬가지지만, 일반적으로 90퍼센트면 안전하다고 말할 수 있는 경우는 외상판매대금, 받을 어음과 외상매입대금, 지급어음이 금액이나 기일의 측면에서 일치할 때다.

유동비율이든 당좌비율이든 정의와 일반적인 기준을 알아 두는 동시에, 업종이나 개별 기업의 재무 내용과 자금융통의 특성을 알고 사용해야 한다.

🄵 그러나 가장 중요한 단기 지표는 단기유동성

지금까지 자기자본비율과 유동비율, 당좌비율 등 기업의 안전성을 보는 지표를 설명해 왔다. 그러나 만약 어떤 경영자가 "자금융통이 어렵습니다."라며 내게 찾아온다면 내가 가장 먼저 보는 것은 '단기유동성'이다.

재무제표는 과거의 것일 때가 대부분으로, 아무리 빨라도 한 달, 경우에 따라서는 몇 달 전의 것일 때도 적지 않다. 물론 기업을 분석할 경우에는 그것으로 충분할 때가 많지만, 단기적인 자금융통에 어려움을 겪는 기업을 분석할 때 기간이 지난 재무제표는 아무런 도움이 되지 못한다.

'단기유동성'은 현금·예금이나 당장 팔 수 있는 유가증권 등의 자산에 은행 등에서 바로 빌릴 수 있는 여신을 더한 값을 월간 매출액으로 나눈 것이다. 식으로 나타내면 '(현금·예금+당장 팔 수 있는 자산+금방 빌릴 수 있는 여신)÷월간 매출액'이다. 월간 매출액은 연간 매출액을 12로 나눠 구한다. 즉 **당장 사용할 수 있는 돈이 월간 매출액으로 따졌을 때 몇 달치인지**이다.

당장 빌릴 수 있는 여신에는 은행에서 빌릴 수 있는 여신과 '코미트먼트(0.25퍼센트 정도의 수수료를 내고 필요할 때 자금을 빌릴 수 있는 계약)' 외에 할인 가능한 받을 어음이나 팩토링(은행이나 리스회사에 외상 판매 채권을 매각하는 것) 가능한 외상판매대금을 포함한다(안타깝지만 대차대조표만으로는

$$단기유동성 = \frac{현금·예금 + 금방\ 팔\ 수\ 있는\ 자산 + 금방\ 빌릴\ 수\ 있는\ 여신}{월간매출액}$$

안전한 금액 : 대기업 1개월분, 중견기업 1.5개월분,
중소기업 1.7개월분……

이 '당장 빌릴 수 있는 여신'이 얼마나 있는지 알 수 없다).

단기유동성은 월말 시점에서 대기업은 1개월, 중견기업은 1.5개월, 중소기업은 1.7개월 정도 보유하고 있으면 안전하다. 대기업과 중견기업, 중소기업의 기준치가 다른 이유는 대기업의 경우 급할 때 은행 차입이나 사채, 기업 어음 등의 발행을 통해 자금을 비교적 빠르게 조달할 수 있기 때문이다. 기업 규모가 작을수록 자금을 빠르게 조달하기가 힘들어진다. 가령 〈파나소닉〉의 2009년 3월기 대차대조표를 보면, '현금과 현금 동등물'이 9,738억 6,700만 엔(그 외에 '정기예금'과 '단기투자'가 합계 1,912억 8,600만 엔 있다), 연간 매출액이 7조 7,655억 700만 엔이니까 월간 매출액은 6,471억 2,600만 엔이다. 정기예금을 더하지 않아도 월간 매출액의 1.5개월분(정기예금을 더하면 1.8개월분)이며, 그 외에도 대출 여력이 있을 것이므로 단기유동성은 충분하다고 할 수 있다(도표1-9).

〈파나소닉〉의 재무제표에서 단기유동성을 계산한다

[대차대조표]

유동자산	**3,194,694**
현금과 현금 동등물	973,867
정기예금	189,288
단기투자	1,998
받을 어음	42,766
외상판매대금	743,498
대손충당금	▲21,131
재고자산	771,137
기타 유동자산	493,271
투자와 대부금	**551,751**
유형고정자산	**1,574,830**
기타자산	**1,082,041**
자산 합계	**6,403,316**

● **단기유동성의 계산은…**

$$단기유동성 = \frac{현금·예금 + 금방\ 팔\ 수\ 있는\ 자산 + 금방\ 빌릴\ 수\ 있는\ 여신}{월간\ 매출액(=연간\ 매출액 \div 12)}$$

● **결산 단신의 숫자를 대입해 보면**

$$단기유동성 = \frac{973,867}{7,765,507 \div 12}$$
$$= 1.5개월$$

[손익계산서]

매출액	**7,765,507**
매출원가	5,667,287
매출총이익	**2,098,220**
판매비와 일반관리비	2,025,347
영업이익	**72,873**

(정기예금, 단기투자를 포함하면
단기유동성은 1.8개월. 당장 빌릴
수 있는 여신의 규모는 불명)

출처) 파나소닉의 2009년 3월기 결산 단신을 바탕으로 작성

또한 자금이 최저가 되더라도 1개월분의 단기유동성은 확보해 두는 것도 중요하다. 이론적으로는 자금이 최저일 때 1엔이라도 돈이 있으면 자금부족 상태가 되지는 않지만, 예정되었던 자금이 들어오지 않는 경우도 적지 않다. 받을 어음이 지급되지 않으면 그것을 발행한 상대방은 도산하므로 어음 대금이 입금되지 않을 가능성은 낮다고 할 수

있지만, 외상판매대금은 거래 상대의 사정에 따라 입금이 되지 않을 때도 있다. 물론 받을 어음도 100퍼센트 결제된다고는 장담할 수 없다. 특히 경기가 나쁠 때는 그런 일이 종종 일어난다. 그럴 때 1개월분 정도의 단기유동성이 있으면 자금부족 사태를 피할 수 있다. 자금부족에 빠지면 도산할 우려도 있다. 연쇄 도산을 피하기 위해서라도 자사의 단기유동성을 확보해 두는 것이 중요하다.

대개의 기업은 급여일부터 월말 사이에 자금이 최저가 된다. 월말에는 자금의 유출과 함께 입금도 있기 때문에 월말에서 며칠 전쯤에 최저가 될 때가 많다고 할 수 있다.

🔵 지표의 우선 순위를 아는 것이 중요하다

기업을 경영할 때나 분석할 때 지표를 보는 우선 순위가 있다(회계대학원 학생 중에서도 "안전성을 보는 지표의 우선 순위를 쓰시오."라는 문제를 틀린 학생이 많았다).

제1순위는 누가 뭐래도 '단기유동성'이다. 기업은 돈이 없으면 경영을 할 수 없는데, 그것을 보는 지표가 단기유동성이기 때문이다. 특히 경기가 급속도로 악화될 때는 매출을 늘리고 비용을 절감하는 데도 한계가 있다. 그럴 때 단기적으로 의지가 되는 것은 자사가 자유롭게 사용할 수 있는 자금(=단기유동성)밖에 없다. 나는 내가 고문을 맡고 있는 기업에

도표1-10 안전성 지표의 우선 순위

서는 단기유동성을 무엇보다 중요시한다.

만약 단기유동성이 앞에서 설명한 기준치를 밑돈다면 빚을 내서라도 늘려야 한다. 그러지 않으면 회사가 망하기 때문이다. 그럴 때는 당좌비율이나 유동비율, 자기자본비율 등을 전부 무시하고서라도 무조건 단기유동성의 확대를 최우선 과제로 삼아야 한다.

기준치 이상의 단기유동성이 확보되었다면 **'당좌비율' → '유동비율' → '자기자본비율'**의 순서로 안전성을 확인한다. 어디까지나 당장의 안전성을 확보하는 것이 중요하므로 이러한 순서가 되는 것이다(기업 경영이든 인생이든 '우선 순위'를 모르면 잘 풀릴 일도 풀리지 않게 된다).

⬤ 2009년 3월기 결산으로 보는 안전성 지표의 동향

　　주요 기업의 2009년 3월기 결산의 안전성 지표를 살펴보면 상당히 흥미로운 점을 알 수 있다. 도표 1-11에는 〈도요타 자동차〉와 〈미쓰비시 자동차〉, 〈가오〉, 〈일본항공〉의 2년간에 걸친 자기자본비율과 유동비율, 당좌비율의 추이가 나와 있다. 어떤 경향을 발견했는가? 〈가오〉 이외에는 손실을 냈기 때문에 자기자본비율이 하락했음을 알 수 있을 것이다. 특히 〈일본항공〉의 감소폭이 크다. 손실이 나면 순자산의 이익잉여금이 감소하기 때문이다. 그리고 〈도요타 자동차〉와 〈가오〉는 유동비율과 당좌비율이 모두 상승했지만 〈미쓰비시 자동차〉와 〈일본항공〉은 그 비율이 떨어졌다. 특히 〈일본항공〉의 하락폭이 매우 큼을 알 수 있을 것이다.

　〈도요타 자동차〉와 〈가오〉는 재무 여력이 큰 기업이기 때문에 이번 세계 동시 불황을 맞아 보유 자금을 늘림으로써 안전성을 높이려 한 것으로 생각된다. 특히 〈도요타 자동차〉는 2009년 3월기에 전기보다 매출액이 22퍼센트 하락하며 영업 손실을 4,610억 엔, 순손실도 4,369억 엔을 계상했다. 또 이번 기에도 커다란 영업 손실이 예상되기 때문에 단기적인 재무 안전성 강화를 꾀하고 있음을 읽을 수 있다. 〈가오〉는 큰 폭의 하락은 없었지만 단기적인 안전성을 높였다.

　문제는 〈일본항공〉으로, 매출액이 12.5퍼센트 하락하며 632억 엔의 순손실을 계상했다. 원래 재무적으로 그다지 튼튼하지 못했던 〈일

주요 기업의 안전성 지표 추이

	도요타 자동차		미쓰비시 자동차		가오		일본항공	
	08년 3월기	09년 3월기	08년 3월기	09년 3월기	08년 3월기	09년 3월기	08년 3월기	09년 3월기
자기자본비율	38.6%	36.5%	20.4%	19.6%	47.4%	49.5%	22.2%	11.2%
유동비율	101.2%	106.7%	93.5%	87.2%	134.4%	149.2%	122.5%	74.9%
당좌비율	72.4%	78.1%	53.4%	46.5%	80.4%	86.3%	91.0%	52.5%

본항공)에게 이 손실은 매우 뼈아팠으며, 또 8,000억 엔에 가까운 유이자부채 등 자금융통의 측면에서 단기적인 안정성이 아슬아슬한 수준까지 떨어진 것으로 추측된다. 그리고 세간에 알려진 대로 정부에 1,000억 엔의 자금 원조를 요청하기에 이르렀다.

이번 같이 경기가 후퇴할 때 재무 여력이 있는 기업은 단기적인 안전성을 높이는 방법으로 대응하지만 재무 여력이 별로 없는 기업은 제대로 대응을 하지 어렵다.

ⅱ 자기자본이나 유보이익이 충분해도 기업은 도산한다

서브프라임 문제를 발단으로 시작된 경제 위기의 여파로 일본의 경기도 급속히 악화되었다. 이 시기에 파견사원 해고에 관한 뉴스를 보니 한 여성 평론가가 "기업은 유보이익이 충분한데도 왜 파견사원을 해고하는 것인가?"라고 무서운 얼굴로 비판을 했는데, 아마도 이 평론가는 회계 공부를 별로 하지 않은 듯하다. 이와 관련해 잠시 '순자산'에 대해 설명하고 넘어갈까 한다.

순자산의 대부분을 차지하는 '주주자본'은 '자본금'과 '자본잉여금', '이익잉여금'으로 나뉜다('자기주식'을 보유하고 있는 기업은 주주자본의 마이너스 항목으로 계상한다). 자본금과 자본잉여금은 주로 주주가 낸 돈이다. 주주가 낸 '밑천'이라고 이해하기 바란다. 그리고 이익잉여금은 축적된 이익이다. 손익계산서의 '순이익'에서 배당 등을 빼고 남은 것이 이익잉여금으로 축적된다. 자본금이나 자본잉여금이 '밑천'이라면 이익잉여금은 그 밑천을 사용해 만들어낸 '결실'이다. 원칙적으로 기업은 이익잉여금의 범위 안에서 배당을 한다(이익잉여금의 범위 내에서 하는 배당은 주주 총회의 '보통 결의'를 거치는데, 자본잉여금을 배당에 사용하려면 '특별 결의'가 필요하다). 적자가 계속되면 이익잉여금이 바닥을 드러내며, 경우에 따라서는 마이너스가 될 수도 있다. 그리고 이익잉여금의 마이너스 규모가 커져 순자산 전체가 마이너스가 되면 '채무초과' 상태가 된다(이 경우, 앞에서 이야기한 '자기자본비율'이 마이너스가 된다).

여기에서 주의해야 할 점은, **이익잉여금은 이익의 축적이지 자본의 축적이 아니라는 사실**이다. 이익은 원래 돈이었을지 모르지만 그것을 토지나 시설 등의 투자에 사용할 때도 많다. 반드시 현금·예금이나 금방 팔 수 있는 유가증권 등으로 가지고 있는 것은 아니다(이 점에서도 '이익'과 '현금흐름'은 다른데, 자세한 내용은 제5장에서 설명하도록 하겠다). 앞에서 언급한 평론가가 착각한 것도 바로 이 점이다. 고용은 현금을 가지고 있

도표 1-12 순자산의 내역

〈가오〉(2009년 3월기)

(단위: 백만 엔)

순자산	
주주자본	
자본금	85,424
자본잉여금	109,561
이익잉여금	431,799
자기주식	▲11,038
주주자본 합계	615,745
평가·환산 차액 등	
기타유가증권 평가 차액금	2,090
이연헤지손익	▲11
외화환산조정 계정	▲70,134
기타 평가·환산 차액 등	▲2,459
평가·환산 차액합계	▲70,515
신주 예약권	838
소수주주지분	8,124
순자산 합계	554,194

〈도요타 자동차〉(2009년 3월기)

(단위: 백만 엔)

자본	
자본금	397,050
발행가능주식 총수:	
2008년 3월 31일과 2009년 3월 31일 현재	
10,000,000,000주	
발행주식 총수:	
2008년 3월 31일과 2009년 3월 31일 현재	
3,447,997,492주	
자본잉여금	501,211
이익잉여금	11,531,622
기타 포괄 이익·손실(▲) 누계액	▲1,107,781
자기주식	▲1,260,895
자기주식 수:	
2008년 3월 31일 현재 298,717,640주	
2009년 3월 31일 현재 312,115,017주	
자본 합계	10,061,207

주) 〈도요타 자동차〉는 미국 회계기준에 따라 개시.

지 않으면 유지할 수 없다. 기업이 사용할 수 있는 것은 어디까지나 대차대조표의 좌변에 있는 '자산'이며, 그중에서도 즉시 사용할 수 있는 것은 '유동자산'에 있는 현금·예금과 유가증권이다. 물론 토지나 건물을 매각하면 자금을 만들 수는 있겠지만, 지금 사용하고 있는 공장 등을 바로 팔기는 어려울 때가 많다. 또 매각을 하면 일시적으로는 자금이 생기지만 장기적으로는 고용을 유지하지 못할 우려가 있다. **이익잉여금은 대차대조표의 자산을 조달하는 자금원이기는 하다. 그러나 그것이 반드시 현금이나 예금이라는 보장은 없다.** 대차대조표의 우변에 있는 '부채'와 '순자산'은 '자산'을 조달하기 위한 자금원을 나타내지만 자금 자체는 아니다.

이 말은 **'자기자본비율'이 높아도 도산할 수가 있다**는 의미다. 앞에서 "자기자본비율은 기업의 중장기적인 안정성을 나타낸다."라고 쓴 이유가 바로 이것이다. 분명히 이익잉여금이나 더 넓은 범위의 순자산은 중장기적으로 사용할 설비자산 등을 조달하는 자금으로서 최적이다. 상환의 의무가 없기 때문이다. 그러나 단기적인 자금조달과는 상관이 없다. 단기적인 안전성을 확보하기 위해서는 어디까지나 자산, 특히 유동자산이나 당좌자산을 보유해야 한다(그렇다고는 해도 〈도요타 자동차〉의 이익잉여금은 엄청난 액수다).

◯ 정부는 '매장금(埋藏金)'만 믿어서는 안 된다

　　　　재정난에 허덕이는 정부에 '매장금(埋藏金. 원래는 행방불명이 된 재보를 뜻하는 말. 에도 막부가 땅 속에 숨겼다는 도쿠가와 매장금 전설이 유명하다. 여기에서 말하는 매장금은 정부의 특별회계에 따른 잉여금과 적립금을 뜻하며, 정확히는 '가스미가세키 매장금(霞が関埋藏金)'이라고 부른다-옮긴이)'은 말 그대로 단비와 같은 느낌이다. 그 매장금을 경기 대책의 밑천으로 활용한다는 방안이 강구되는 듯하다. 그러나 여기에도 주의가 필요하다. 매장금은 정부의 특별회계 속에 존재한다고 하지만, 매장금에 대해 쓴 책이나 잡지 기사를 보면 아무래도 특별회계의 '순자산'을 가리킬 때가 적지 않기 때문이다.

　　특별회계는 연금이나 의료처럼 정부의 일반회계와는 분리된 회계인데, 그중에는 순자산이 플러스인 것이 적지 않다고 한다. 그러나 중요한 점은 대차대조표의 좌변인 '자산'에 실제로 돈이 있느냐다. 외국환 특별회계처럼 자산의 대부분이 현금인 특별회계라면 문제가 없지만, 순자산의 일부를 '매장금'처럼 사용하려면 그에 상당하는 현금·예금이나 그와 비슷한 무엇인가가 필요하다.

　　그렇다고 해도, 일반 국민들은 정부의 특별회계를 접하기 힘들다. 정부도 기본 재정의 대차대조표를 바탕으로 특별회계별 대차대조표, 그리고 이것을 모두 '연결'한 대차대조표를 개시해야 한다고 생각한다(상장기업의 경우, '연결' 기반의 대차대조표를 개시할 의무가 있다). 그리고 특별회계에 '매장금'이 있다고 해도 연결(국가 전체) 회계상 순자산이 마이너스라면 그 돈을 써서는 안 될지도 모른다.

또 외환의 변동에 대비한 준비금 등도 섣불리 사용하면 나중에 큰 낭패를 부를 수 있다. 여러분도 알고 있는지는 모르겠지만, 일본 정부는 '외환 준비고'로서 약 1조 달러의 외화표시 자산을 보유하고 있다. 미국 달러와 유로 표시 자산이다. 엔화 강세를 보였던 2003년 무렵에 미국 달러를 매입하기 위해 당시 약 35조 엔의 엔화를 매각해 미국 달러를 매입하는 외환 개입을 단행했기 때문에 외화 준비고가 단숨에 늘어났다. 그 때 산 미국 달러는 미국 국채로 운용하고 있을 것이다. 이 자금을 마련하기 위해 사용한 것은 단기 일본 국채다. 즉 일본 국채를 발행해 빚을 져서 결과적으로는 미국 국채라는 미국의 빚을 조달한 것이다. 당시의 1달러 100엔보다 엔화가 약세인 수준이었으므로 현재(2009년 2월) 1달러 95엔 정도의 환율에서는 막대한 환차손이 발생했음이 틀림없다(1달러에 몇 엔 정도의 환차손이더라도 전체 액수가 1조 달러이기 때문에 손실 규모는 엄청나다).

정부는 개별적인 '매장금'을 파내는 데 일희일비하지 말고 전체의 '연결'을 생각하며 판단해야 할 것이다. 국내총생산(GDP)의 170퍼센트 정도인 800조 엔이 넘는 중장기 채권을 안고 있는 일본은 이대로 가면 막대한 부담을 우리의 자손들에게 떠넘기게 될 것이다. 어디까지나 전체적인 시각으로 상황을 바라봐야 한다. 이번의 급격한 불황을 생각하면 정부는 단기적 재정을 확대해서라도 경기부양 대책이 필요했다. 물론 우리의 자손들을 생각하면 재정의 건전화는 반드시 이루어야 하지만, 경기가 죽어 버리면 자손들이 문제가 아니라 당장 우리들이 힘들다. 비유를 하자면, 재정 문제는 상당히 심각한 '만성 질환'이지만 지금의 세계 동시 불황은 시각을 다투는 '급성 질환'이다. 대책을 늦게 세우면 만성 질환도 더욱 심각해질 수 있다. 어디까지나 단기와 장기의 균형을 맞추는 것이 중요하다. 물론 경기가 회복되면 재정의 건전화를 추진해야 함은 두말할 필요도 없다.

비즈니스맨은 물론, 정치가와 공무원, 평론가도 '회계'의 기본적인 개념과 거시경제를 공부한 다음에 판단을 내리고 발언을 해야 한다.

🔵 자회사와 소수주주지분

'순자산'을 설명하는 김에 **소수주주지분**'에 대해서도 설명을 해 두고 넘어가려 한다. 소수주주지분은 연결 재무제표 특유의 항목으로, 몇 년 전까지는 재무제표의 '부채'와 '자본' 중 어디에도 속하지 않는 것으로 취급되었지만 회계 규칙이 변경되면서 지금은 '순자산' 항목으로 처리하고 있다(도표1-12에서 도요타 자동차의 자본에 소수주주자본이 없는 이유는 미국 방식에 따라 개시했기 때문이다).

결론부터 말하자면, **소수주주지분 항목은 100퍼센트의 주식을 보유하지 않은 자회사가 있을 때 나타난다.** 이것을 이해하려면 '**자회사**'라는 개념을 먼저 이해해야 한다. 강연 등에서 "자회사란 무엇일까요?"라고 물어보면 주로 "50퍼센트 이상의 주식을 보유하고 있는 곳입니다."라는 대답이 돌아온다. 조금 공부를 한 사람도 "지배하고 있는 곳"이라고 대답한다. 물론 둘 다 틀린 대답은 아니지만, 이것은 자회사의 '판정 기준'이다. 중요한 것은 그와 같은 기준으로 판정된 자회사는 회계상 어떻게 처리되느냐다(참고로 현재는 의결권을 50퍼센트 이상 보유한 곳을 포함해, 이사회의 과반수를 장악하고 있는 등 상대를 '지배'하고 있다고 판단될 때는 자회사로 취급한다. 이것을 '지배력 기준'이라고 부른다).

자회사는 '**대차대조표, 손익계산서, 현금흐름계산서의 각 계정과목을 원칙적으로 전부 합산하는 곳**'이다(이것을 '연결'이라고 하는데, 엄밀히 말하면 모회사에서 볼 때 너무 작은 자회사는 연결 대상이 되지 않을 때가 있다). 예를 들어 모회사가 현금 5억 엔, 자회사가 2억 엔을 가지고 있다면 연결 대차대조표의 현금 계정은 7억 엔이 된다. 모회사의 유이자부채가 제로라고 해도 자회사가 1,000억 엔의 유이자부채를 안고 있다면 연결에서는 1,000억 엔의 유이자부채가 기재된다.

방금 "원칙적으로 전부 합산한다."라고 썼는데, 원칙에는 예외가 있다. '**모회사와 자회사 사이의 거래는 상쇄된다.**'라는 예외다. 예를 들어 모회사가 자회사에 돈을 빌려줬을 때 모회사의 대차대조표의 자산변에는 '자회사 대부금'이, 자회사의 부채변에는 '모회사로부터의 차입금'이 계상되는데, 그룹을 하나의 회사라고 보면 내부 거래이므로 서로 상쇄된다. 모회사와 자회사 사이의 매매도 한쪽에는 매출액, 다른 한

쪽에는 매입액이 되므로 상쇄된다.

이처럼 자회사란 '모회사와 자회사 사이의 거래를 상쇄한 다음에', '모든 거래를 합산하는 곳'이다.

그런데 그렇게 해서 전부 합산하는 것은 좋지만, 자회사 중에는 지분이 100퍼센트가 아닌 회사도 있다. 앞에서 설명한 정의를 봐도 알 수 있듯이 51퍼센트의 의결권을 보유해도 자회사다. 또 이사회의 과반수를 지배하고 있으면 경우에 따라서는 의결권을 40퍼센트 정도만 가지고 있어도 자회사로 간주된다. 그럴 때 모회사 이외의 주주를 '**소수주주**'라고 부른다. 소수주주가 다수일 때도 있다.

모회사가 의결권을 100퍼센트 보유하지 않은 자회사의 순자산을 생각할 때, 순자산은 주주의 것이므로 여기에는 모회사에 귀속되는 부분과 소수주주에게 귀속되는 부분이 있다. 연결회계를 할 때 자회사의 순자산 중 모회사에 귀속되는 부분은 모회사의 투자 계정과 상쇄된다('모회사와 자회사의 거래는 상쇄된다.'라고 말한 바 있다. 모회사의 투자 계정과 자회사의 순자산이 상쇄된다). 그러나 소수주주에게 귀속되는 부분은 상쇄되지 않고 남는다. 이것이 소수주주지분이다.

조금 헷갈릴지도 모르지만, '100퍼센트 지배하지 못한 자회사가 있으면 소수주주지분이 발생한다'라고 일단 기억해 두기 바란다.

⒧ 관련회사는 '지분법'에 따라 손익을 계상한다

그렇다면 자회사가 아닐 때는 각 계정과목을 합산하거나 상쇄하지 않을까? 그렇다. 합산도 상쇄도 하지 않는다.

의결권을 50퍼센트 이하로 보유한 곳 등을 '관련회사'라고 한다(예전에는 20퍼센트에서 50퍼센트의 의결권을 보유한 곳을 가리켰지만 지금은 이사를 파견하는 등 '영향력'을 발휘하고 있는 곳도 포함한다). **관련회사는 원칙적으로 '지분법'이라고 해서 그 지분의 손익만을 손익계산서의 '영업외손익'에 계상한다.** 예를 들어 30퍼센트의 의결권을 보유한 관련회사가 8억 엔의 순이익을 냈다면 연결손익계산서의 영업외수익에 '지분법에 따른 투자이익'으로 2.4억 엔(8억 엔×30퍼센트)이 계상된다. 관련회사가 손실을 냈다면 영업외손실 부분에 '지분법에 따른 투자손실'로서 계상된다(그러므로 이 항목이 대차대조표상에 있으면 관련회사가 있다는 뜻이 된다).

이처럼 자회사는 원칙적으로 모든 계정과목을 합산하는 데 비해 관련회사는 그 내용이 영업외손익으로만 반영된다(그래서 '한 줄 연결One line consolidation'이라고 부르기도 한다).

'50퍼센트를 초과한 의결권'이 자회사의 판정 기준이었던 예전(2000년 3월기 이전)에는 부채가 많은 자회사를 떠안고 있는 기업의 경우 의결권을 49.9퍼센트만 보유함으로써 연결에서 제외시키는 경우도 있었다. 그러나 지금은 앞에서 잠깐 소개했듯이 이사회를 지배하는 등 '지배력'을 기준으로 판단하는 방식으로 바뀌었기 때문에 이러한 일은 많이 줄어들었다. 그러나 의도적으로 연결에서 제외시키는 사례가 완전히 사라지지는 않았으므로 거액의 부채를 끌어안은 자회사가 연결에서 제외되지는 않았는지 주의할 필요가 있다. 자회사가 아니더라도 원래의 모회사가 실질적인 부채 상환 책임을 져야 하는 경우가 있기 때문이다. 관련회사의 도산으로 모회사까지 영향을 받는 사태도 일어날 수 있다. 특히 요즘 같이 경기가 후퇴하는 시기에는 모회사의 재무 상황도 악화되기 쉽기 때문에 상황이 나쁜 자회사를 관련회사로 만들어 연결에서 제외시키려 하는 회사도 있을 수 있으니 주의해야 한다.

제2장

대차대조표로
안전성을 분석한다

· · · · ·

응용

지금까지 대차대조표를 읽는 법에 대해 기초적인 설명을 했다. 지금까지 설명한 내용을 이해했다면 대차대조표를 '대략' 읽을 수 있다. 그리고 이번 장에서 설명하는 대차대조표의 [응용]은 더욱 깊이 있는 사항까지 읽을 수 있게 할 것이다. 응용을 이해하려면 먼저 기초가 충실해야 한다. 이해가 안 되거나 헷갈리는 부분이 있다면 다시 한 번 [기초]를 읽어 보기 바란다.

Ⅱ '유동비율'을 볼 때에는
일반론에만 얽매여서는 안 된다

먼저 안전성의 비율부터 생각해 보자. 기초편에서 '자기자본비율'과 '유동비율', '당좌비율'에 대해 설명하고, 각 비율마다 안전성의 '일반적'인 기준치가 있다고 말했다. 기억이 나는가? 유동비율은 120퍼센트, 당좌비율은 90퍼센트였다.

그러나 이런 숫자는 어디까지나 일반론이다. 외상판매대금, 받을 어음과 외상매입대금, 지급어음의 기일이나 금액이 대체적으로 균형을 이루는 대형 도매업이나 제조업 같은 업종은 이 수치를 적용할 수 있다. 그러나 업종 또는 개별 기업의 외상판매대금이나 외상매입대금 등의 균형과 기일, 그리고 재고자산의 액수 등에 따라 안전성의 기준은 크게 달라진다.

예를 들어 전철회사 등은 유동비율이 60퍼센트 정도여도 충분히 안전성이 확보된다. 전철회사는 유동자산인 '외상판매대금과 받을 어음'이나 '재고자산'이 거의 없기 때문이다(''외상'으로 전철을 타는 사람은 없다).

도표2-1은 〈긴키일본철도〉의 대차대조표(일부)다. 연결회계이기 때문에 백화점 등의 그룹 회사도 포함되어 있지만, 그래도 전체적으로 보면 외상판매대금과 받을 어음, 재고자산(상품과 제품, 재공품, 원재료와 저장품)이 적음을 알 수 있을 것이다. 한편 외상매입대금이나 지급어음 등의 유동부채는 일반기업과 같은 수준이기 때문에 표면적으로는 유

〈긴키일본철도〉의 유동자산과 유동부채

(2009년 3월기)

(단위: 백만 엔)

자산		부채	
유동자산		유동부채	
현금과 예금	31,949	지급어음과 외상매입대금	46,466
받을 어음과 외상판매대금	33,303	단기차입금	328,210
리스 채권과 리스 투자자산	468	1년 이내 상환 사채	80,800
유가증권	20	리스 채무	1,182
재고자산	–	미지급금	56,049
상품과 제품	21,072	미지급 법인세 등	2,034
재공품	3,066	상여 충당금	8,030
원재료와 저장품	2,649	상품권 등 인환 손실 충당금	3,148
판매토지와 건물	201,591	점포 재건축손실 충당금	3,889
이연법인세자산	22,150	기타	99,274
기타	44,462	유동부채 합계	629,086
대손충당금	▲667		
유동자산 합계	360,067		

유동비율이 작다

매출액 9,675억 7,300만 엔에 비해 「받을 어음과 외상판매대금」,
「재고자산」이 적다(있다고 해도 주로 백화점의 것으로 생각된다).

동비율이 보통 기업보다 낮게 나타난다. 그러나 잘 생각해 보자. 외상 판매대금이나 받을 어음이 없다는 말은 이른바 '현금장사'를 하고 있다는 뜻이므로 자금융통이 매우 편해 유동비율이 낮아도 문제가 없다. (전철업은 현금장사인데다가 정기권이나 충전식 교통카드로 인해 오히려 선불금까지 들어온다).

매일 현금이 들어오는 소매업도 유동비율이 많이 낮아도 안전성에는 문제가 없다. 전력회사도 비슷한 경향이 있다. 또 슈퍼마켓이나 편의점 등도 유동비율이나 당좌비율이 일반적인 기준치보다 많이 낮더라도 안전성에 문제는 없다. 슈퍼마켓은 매일 현금이 들어오는데다가 대금(외상매입대금) 기일이 보통 45일에서 60일 정도이기 때문이다.

한편 그와는 반대의 업종도 있다. 유동비율이 120퍼센트가 넘으면서도 자금조달이 그다지 여유롭지 못한 업종이다. 이러한 업종은 외상판매대금이 눈처럼 불어나는 데 비해 외상매입대금은 얼마 되지 않는다. 과연 어떤 업종인지 알겠는가(잠시 생각해 보기 바란다. 앞의 예와는 반대 패턴, 즉 외상판매대금이 많고 외상매입대금은 적은 업종이다)?

병원은 일반적으로 그 자리에서는 매출의 30퍼센트밖에 현금이 들어오지 않는다. 나머지는 정부나 조합의 보험에서 지급되는데, 그 기간이 한 달 이상 걸리기 때문에 외상판매대금이 된다. 한편 병원이 지출하는 비용의 상당 부분은 의사나 간호사 등에게 지급하는 인건비인데, 이것은 외상매입대금이 될 수 없기 때문에 매달 현금으로 줘야 한다. 외상판매대금은 많은데 외상매입대금은 적기 때문에 유동비율이 좋아도 자금 사정은 빡빡할 때가 적지 않다.

개호업계는 자금 사정이 더욱 심각하다. 당월에 현금으로 회수할 수 있는 돈은 고작 10퍼센트이며, 나머지 90퍼센트는 정부에 보험 청구를 해야 한다. 게다가 역시 한 달 이상이 지나야 입금이 된다. 한편 외상매입대금은 거의 없다. 개호업계에서는 외상판매대금이 불어나기 때문에 그 일부를 리스회사 같은 금융기관에 매각하는 '팩토링' 등으로 자금을 조달하는 곳도 있다. 그렇게라도 하지 않으면 단기차입금이 늘어나 자금조달을 할 수 없게 된다.

　일반적으로 유동비율이 120퍼센트가 넘으면 안전하다고 하지만, 그 것은 외상판매대금, 받을 어음과 외상매입대금, 지급어음의 금액과 기일이 거의 일치하는 업종의 이야기일 뿐이다. 일반론만 알고 있어서는 중요한 핵심을 놓칠 수 있다.

ⓘ 자기자본비율의 안전성도 업종에 따라 크게 다르다

　　　사실 앞에서 설명한 내용은 자기자본비율에도 커다란 영향을 끼친다. 기초편에서 고정자산이 많이 필요한 업종은 최저 20퍼센트, 도매업처럼 외상판매대금이나 재고자산 같은 유동자산이 많이 필요한 업종은 15퍼센트 이상이 안전성의 기준이라는 일반론을 설명했다. 그러나 〈도쿄전력〉은 자기자본비율이 20퍼센트에 미치지 못하는 17.8퍼센트(2009년 3월기)이지만 안전성에 문제가 없다. 한편 앞항에서 설명한 개호업계 등은 외상판매대금이 장기간에 걸쳐 잠을 자기 때문에 실질적으로는 '고정자산'이나 마찬가지의 상황이 된다. 그렇게 되면 그것을 조달할 자금이 필요해지는데, 만약 유동채권으로 조달을 하려고 한다면 외상매입대금이 거의 없는 업종이기 때문에 단기차입금을 빌리는 수밖에 없다. 그러나 실질적으로 고정자산이나 다름없어진 외상판매대금을 단기차입금으로 조달한다면 롤오버(차환)를 거듭해야 한다. 이것은 은행이 상환을 압박할 경우 리스크가 높아진다. 특히 금융기관이 대손이나 주식 잠재 손실 등으로 자기자본비율이 큰 영향을 받으면, 대출한 회사의 경영 상태가 나쁘지 않아도 '대출 기피'나 '대출 회수'를 할 리스크도 충분히 생각할 수 있다. 이럴 때 개호업계는 외상판매대금의 바탕이 된 개호보험이 지방자치단체 등에 대한 안전성 높은 채권이므로 그 외상판매대금을 '팩토링'이라는 방식으로 리스회사 등의 금융기관에 팔 수 있다. 그러나 이때는 금리에 상당하는 수수료가 붙기 때문에 실질적으로는 단기차입금을 빌리는 것이나 다를 바 없는 상황이 되므로 장기차입금이나 자본금 등 상환할 필요가 없는 자산으로 조달하는 것이 바람직하다. 대형 개호회사가 주식을 상장하는 데는 이러한 재정상의 이유도 크다고 생각된다. 따라서 이들 업종은 자기자본비율이 높지 않으면 안전성을 확보할 수 없다.

다시 한 번 말하지만, 일반론은 어디까지나 원칙으로 이해하고 개별적인 업계나 기업의 자금 상황을 감안해 안전성을 판단하는 것이 중요하다. 조금 공부했다고 일반론만으로 판단했다가는 큰 실수를 할 수도 있다.

ⓘ 경영자는 나름의 판단 기준을 가져야 한다

그러므로 안전성을 판단할 때는 어디까지나 자사에 맞는 판단 기준을 세우는 것이 중요하다. 자사의 자금 상황으로 볼 때 최적의 자기자본비율과 유동비율, 당좌비율 등의 기준을 세우는 것이다. 일반론을 적용할 수 있는 업종도 있을 것이며, 지금까지 살펴봤듯이 예외적인 업종도 많다.

그리고 이 때 '단기유동성'을 먼저 확보해 두는 것이 최우선 과제다. 최소한 대기업은 1개월, 중소기업이라면 1.7개월 정도 사용할 수 있는 금액을 준비해 놓는 것이 좋다. **이 기준액은 자금융통을 걱정하지 않아도 되는 금액이다.** 이것은 경영자의 성격에 따라서도 차이가 크지만, 어쨌든 자금융통을 걱정하지 않아도 될 만큼은 확보해야 한다. 그러지 않으면 올바른 마음가짐으로 일을 할 수가 없다(자금 마련만 우선하게 되면 '고객 제일주의'를 실천할 수 없게 된다. 지금까지 그런 경영자를 많이 봐 왔다).

단기유동성을 확보했다면 다음에는 앞에서 설명했듯이 당좌비율과 유동비율, 자기자본비율의 순서로 자사의 적정치를 결정한다. 여러 해 동안 사업을 했다면 자연스럽게 그 적정치를 알게 될 것이다. 일반론을 기준으로 삼으면서도 어디까지나 자사의 상황에 따라 결정해야 한다.

그리고 중요한 것은 그 기준치를 지키는 일이다. 사업 실적이 좋을 때는 은행에서 먼저 돈을 빌리지 않겠느냐고 제의를 하기 마련이다.

이때 대출을 받아 그냥 밑천으로 가지고 있다면 금리 부담 이외에는 문제가 없다. 그러나 설비투자 등에 사용했다가 결과가 신통치 않으면 사업이 벽에 부딪칠 수도 있다. 반드시 성공을 장담할 수 있는 사업은 없다(그런 사업이 있다면 은행이 직접 할 것이다). 그러므로 아무리 '솔깃한' 사업 이야기가 들어와도 자사의 적정한 비율을 깨는 대출이나 투자는 하지 말아야 한다. 그러나 사업 컨설턴트로서 경영 현장에서 있다 보면 그런 '솔깃한' 이야기에 넘어가는 경영자가 많다. 사내에 기준을 명시하는 등 제동을 걸 수 있는 '장치'가 필요하다.

⑪ 은행의 자기자본비율 규제도 알아 두자

이번에는 앞에서 잠깐 언급했던 '은행의 자기자본비율 규제'에 관한 이야기를 하도록 하겠다. 회계 시스템을 공부하는 것도 물론 중요하지만, 그것을 응용하거나 그것에 바탕을 둔 세상의 구조를 아는 것도 중요하다. '회계'라는 도구를 사용해 세상을 유기적으로 보자.

은행업에는 건전성을 담보하기 위한 이른바 '자기자본비율 규제'라는 것이 있다. 기본적인 개념은 일반기업과 같지만 일반적인 자기자본비율 계산 방법(순자산÷자산)보다는 조금 복잡한 계산을 한다(다른 점이 있다면, 상환이 확실한 국채 같은 안전 자산은 분모가 되는 자산에 포함하지 않는 등 자산에 따라 자세한 적용 규정이 있다. 또 분자에 넣을 수 있는 자본에 대해서도 범위와 한도 등에 특수한 규정이 있다).

은행의 자기자본비율은 국제적인 업무를 하는 은행의 경우 스위스 바젤에 본부를 둔 〈국제결제은행(BIS)〉의 규정에 따라 '8퍼센트'(이른바 'BIS규제'), 그 이외의 은행은 '4퍼센트'로 정해져 있다. 8퍼센트를 밑돌면 국제결제은행이나 금융 당국으로부터 건전성이 훼손되었다고 판단되어 국제적인 업무를 할 수 없게 될 우려가 있다. 실제로 1997년부터 2003년에 걸친 일본의 금융 위기 때 자기자본비율 8퍼센트를 유지하지 못해 국제 업무를 단념한 은행도 많았다. 게다가 4퍼센트까지도 밑돌면 국내 업무수행도 불가능해지며, 이때는 다른 은행과 통합하는 등의 방법으로 건전화를 꾀하게 된다. 경우에 따라서는 파산 처리될 수도 있다.

따라서 그런 최악의 사태를 피하기 위해 은행은 자기자본비율이 떨어지면(=순자산이 감소하면), ①공적 자금을 포함한 증자를 실시해 순자산을 늘리거나, ②이익을 내서 순자산을 증가시키거나, ③분모가 되는 자산을 압축하는 등의 선택을 해야 한다. 이 중 세 번째 방법인 자산 압축을 실시할 때는 은행이 대출을 크게 줄이는 '대출 기피'나 '대출 회수'가 발생해 기업 입장에서는 자금조달이 어려워지기도 한다.

이 자기자본비율 규제 문제는 거품 붕괴에서 비롯된 금융 위기가 수습된 이후로는 그다지 화제가 되지 않았지만, 최근 서브프라임 위기가 찾아오면서 다시 부각되었다. 서브프라임 위기 때는 구미 은행의 자기자본비율이 크게 떨어졌기 때문에 BIS 규제를 완화하는 방안까지 검토되기도 했다. 원래 BIS 규제는 거품 경기로 세계 금융계에서 존재감이 커진 일본의 은행(당시는 구미의 은행에 비해 자기자본비율이 많이 낮았다)을 견제하는 요소가 있었던 것도 사실이다. 재팬 머니가 뉴욕의 록펠러 센터와 캘리포니아의 페블비치(골프장), 프랑스의 유명한 와인 포도밭과 제조·저장 시설을 마구 사들이는 모습을 고깝게 생각한 구미 금융계의 일본 때리기였던 것이다.

일본인은 고지식하기 때문에 그 기준을 철저히 지키지만, 구미는 자신들이 위험해지면 규칙을 바꾸려고 한다. 뒤에서 설명할 '시가회계'의 규칙도 마찬가지인데, 민족성의 차이도 있겠지만 '규칙'이란 무엇인가를 근본적으로 생각해 보게 하는 사례다.

❶ 기업의 단기유동성과 은행의 단기유동성

기업뿐만 아니라 은행으로서도 단기유동성 확보는 사활 문제다. 은행은 부채나 순자산으로 조달한 자금의 대부분을 운용한다. 자산에는 국채나 주식 등의 유가증권, 일본은행 당좌예금(준비예금도 포함)도 있지만, 가장 큰 비중을 차지하는 것은 대출금이다(도표2-2).

조달에도 비용이 들어가기 때문에 은행의 거래 수익은 고작해야 1퍼센트 정도로 매우 작다. 그래서 가지고 있는 자금의 대부분을 대출 등의 운용에 사용한다. 그리고 은행의 경우에는 대부분의 운용에 기한

이 있다. 그때까지는 돈이 돌아오지 않는다는 뜻이다(대출에 기한이 없으면 빌린 사람은 난감하기 그지없다. 여러분이 주택담보대출을 받았는데 은행이 갑자기 돈을 갚으라고 한다면 당황스러울 것이다).

한편 은행의 처지에서 볼 때 부채인 예금은 현재와 같은 저금리 상황에서는 상당수가 보통 예금이다. 따라서 언제 빠져나갈지 알 수 없다. 만약 어떤 은행이 위험하다는 소문이 돌면 순식간에 예금 인출 사태가 벌어지는데, 은행은 모든 예금을 돌려줄 만큼의 유동성을 보유하고 있지 않다(도표2-2에서 '현금 위탁금'의 액수를 보기 바란다. 원래 예금은 약 120조 엔인 것과 비교할 때 턱없이 적은 수치다).

물론 일본은행은 각 은행이 예금 인출에 어느 정도 대응할 수 있도록 예금 잔고의 일정 비율을 '준비예금'으로서 일본 당좌예금에 강제적으로 적립시키고 있다. 그러나 예금 인출 사태가 벌어진다면 그 자금으로 충당이 가능할지 알 수 없다. 또 복수의 은행에서 한꺼번에 예금 인출 사태가 벌어진다면 금융 불안이 단숨에 가속화될 수도 있다.

어쨌든 일반적으로 은행은 모든 예금을 돌려줄 수 있을 만큼의 단기유동성을 보유하고 있지 않다. 일단 패닉에 빠지면 금융 위기의 불씨가 전국으로 확산될 가능성도 있기 때문에 대손이나 주가 하락 등으로 자기자본이 훼손되어 신용 불안이 발생할 수도 있는 은행에 대해서는 예방적으로 공적 자금을 주입할 수 있는 제도가 현재 마련되어 있다.

도표 2-2 은행 자산의 내역

(주)미쓰비시UFJ 파이낸셜 그룹

(단위: 백만 엔)

자산	
현금 위탁금	6,562,376
콜론과 매입어음	293,415
환매조건부 채권	2,544,848
채권대부거래 지급보증금	6,797,026
매입금진 채권	3,394,519
특정거래 자산	17,452,426
금전위탁	326,298
유가증권	48,314,122
투자손실 할당금	▲37,104
대출금	92,056,820
외국환	1,058,640
기타자산	7,795,056
유형고정자산	1,380,900
건물	339,096
토지	763,647
리스 자산	2,631
건설 가계정	16,111
기타 유형고정자산	259,413
무형고정자산	1,209,783
소프트웨어	485,611
영업권	570,664
리스 자산	181
기타 무형고정자산	153,326
이연법인세자산	1,235,139
지급승낙보증	9,534,900
대손충당금	▲1,185,266
자산 합계	198,733,906

> 은행의 최대 자산은 대출금

> 참고로 부채의 '예금'은 약 120조 엔이다

🔴 비율이 좋아도 금방 망하는 업종이 있다? – 자산회전율

　　다시 '안전성'의 지표에 관한 이야기로 돌아가자. 당좌비율과 유동비율, 자기자본비율 등이 기준치를 크게 초과했는데도 결산 후 몇 달 만에 도산하고 마는 회사가 있다. 앞에서 설명한 병원이나 개호업계처럼 외상판매대금이 불어나는 비정상적인 대차대조표를 가진 업종은 아니다(여담이지만 내가 메이지대학 회계대학원에서 학생들에게 이 질문을 했더니 "교수님, 그건 분식회계를 해서가 아닙니까?"라는 대답이 돌아왔는데, 노파심에서 미리 말해 두지만 분식은 아니다).

　　바로 컨설팅 업체나 소프트웨어 등의 IT업종이다. 이러한 업종은 기본적으로 자산이 많이 필요하지 않다. 나를 포함해 9명이 일하는 우리 컨설팅 회사를 예로 들자면 사무실은 임대이며, '인재가 최고의 자산'이라고는 하나, 대차대조표의 자산 부분에는 인재라는 항목이 없다. 이들 업종은 매출액에 비해 자산이 적다. 대차대조표의 규모가 작기 때문에 결산 시점에서는 유동비율 200퍼센트, 자기자본비율 60퍼센트 등 '화려한' 모습일 때도 있다. 다만 자산에 비해 매출액이 큰 만큼 경비가 많이 들어간다. 특히 인건비가 그렇다. 그래서 결산시점에서는 재무 상황이 좋더라도 몇 달 동안 매출이 격감이라도 하면 순식간에 단기유동성이 사라져 도산이나 폐업에 이르는 일도 적지 않다.

　　이제 또 하나의 지표를 설명하도록 하겠다. 바로 **'자산회전율'**이다. 식으로 나타내면 '매출액÷자산'이다(**도표2-3**).

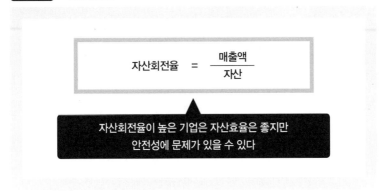

이 지표는 자산을 얼마나 효과적으로 활용하고 있는지를 나타낸다. 제조업은 1배 전후가 표준이며, 일반적으로는 높을수록 좋다고 알려져 있다. 적은 자산으로 많은 매출액을 얻는다는 뜻이기 때문이다. 그러나 안전성이라는 관점에서는 문제가 있음을 간과하지 말아야 한다. 초보자가 빠지기 쉬운 함정이 있다. 자산회전율이 높은 회사는 앞에서도 설명했듯이 매달 들어가는 경비가 보통 많다. 그리고 급할 때 팔 수 있는 자산을 가지고 있지 않은 경우도 많다. 효율성이라는 관점에서는 자산이 적은 편이 좋지만, 그런 회사는 위기에 빠졌을 때의 저항력이 약하다.

또 소프트웨어 회사는 소프트웨어 제작 등에 들어간 인건비를 '소프트웨어'라는 자산에 계상하는 경우도 많은데, 실제로 팔 수 있는 자산인지 불명확할 때가 많으니 주의해야 한다. 안전성이라는 관점에서는 급할 때 '팔 수 있는' 자산을 얼마나 가지고 있느냐가 중요한 것이다. 물론 가장 안전한 자산은 현금과 예금이다.

이러한 관점에서도 역시 '단기유동성'을 검토하는 것이 중요하다. 단기유동성은 현금·예금과 금방 팔 수 있는 자산, 그리고 즉시 빌릴 수 있는 자금의 합계를 매출액으로 나눈 것이므로 유동자산이나 자기자본비율처럼 대차대조표만으로 산출하는 지표와 달리 손익계산서의 규모와의 관계를 안전성이라는 관점에서 바라볼 수 있기 때문이다.

🔵 대차대조표에서 속는 포인트 (1) – 외상판매대금

　　이번에는 은행원이나 회계사도 대차대조표를 보다가 곧잘 속는 포인트에 대해 설명하겠다.

　　먼저 외상판매대금이다. '분식회계'에는 크게 두 종류가 있다. 하나는 회사의 매출액이나 이익을 크게 만드는 것이고, 다른 하나는 주로 탈세를 위해 매출액이나 과세 소득을 줄이는 것이다. 물론 후자도 용서받을 수 없는 행위이지만 안전성이라는 관점에서는 작은 문제다. 한편 전자인 매출을 크게 보이도록 하는 분식회계는 대개 현금은 들어오지 않은 채 외상판매대금만 크게 증가한다. 따라서 전년도와 비교해 **매출액에 대한 외상판매대금의 비율**(외상판매대금÷매출액)이 비정상적으로 증가했다면 '무엇인가가 있다'라고 생각하는 편이 좋을지 모른다. 물론 기말에 실적을 위해 무리하게 판매를 했을 때도 외상판매대금이 증가하지만, 그런 회사는 대개 매년 똑같은 패턴을 반복하는 경우가 많으므로 역시 매출액에 대한 외상판매대금의 비율이 평소보다 증가했다면 주의가 필요하다. 이렇게 분식회계는 비교적 쉽게 간파할 수 있다.

　　한편 외상판매대금에 관한 분식을 간파하기가 어려운 경우는 실제로 외상판매대금이 존재했지만 상대방의 도산 같은 이유로 외상판매대금을 회수하지 못하게 되었음에도 그것을 대손충당금으로 처리하지 않았을 때다. 실적이 나쁜 기업은 상대방의 도산으로 대손충당금을 적립하면 그만큼 손실이 늘어나기 때문에 외상판매대금인 채로 놔두기도 한다. 그럴 경우 단기적으로는 매출액에 대한 외상판매대금의 비율이 많이 차이가 나지 않을 때도 있다. 장기적으로는 외상매출잔고가 줄어들지 않으므로 비율이 높아지지만 단기적으로는 알기 어렵다.

상장기업의 경우는 감사법인이 외상판매대금의 상대를 대상으로 실제 외상판매대금이 존재하는지 확인하지만, 비상장기업의 경우는 확인 작업이 되지 않기 때문에 속아 넘어갈 수도 있다. 유동자산 중에서 외상판매대금의 비율이 원래 많은 회사에 여신을 제공할 때는 가능하다면 외상판매대금의 구체적인 내용을 확인하는 편이 무난하다.

ⓘ 대차대조표에서 속는 포인트 (2) – 재고자산

재고자산에는 제품 재고와 재공품 재고, 원재료 재고가 있는데, 외상판매대금보다 분식회계에 이용되고 있는지 여부를 간파하기 어렵다. 감사법인이 감사를 해도 고작해야 재고 수량을 확인하는 정도에 그칠 뿐 그 재고가 실제로 장래에 판매될 것인지는 판단할 수 없기 때문이다.

기업에 따라서는 오래되어 팔 수 없게 된 재고를 그대로 계상할 때가 있다. 일반적으로 팔리지 않게 된 재고는 손실로 계상한 다음 대차대조표상의 재고(재고자산) 잔고를 줄이는데, 실적이 안 좋을 때는 외상판매대금과 마찬가지로 손실 계상을 미룰 때도 있다. 실제로 재고가 있어도 그것이 팔릴 수 있는 재고인지 외부 사람은 알 수가 없다.

그래서 매출액에 대한 재고자산의 비율이나 대출원가에 대한 비율을 검토해 그 숫자가 증가 추세에 있다면 주의해야 한다. 매출액이 감소 추세인데 재고자산액이 감소하지 않거나 증가한다면 특히 주의가 필요하다(매출원가와 재고자산의 관계도 중요한데, 이에 대해서는 제3~4장에서 손익계산서를 다룰 때 자세히 설명하겠다).

ⓘ 대차대조표에서 속는 포인트 (3) – 장기차입금

'장기차입금' 또한 참으로 골치 아픈 존재다. 상장기업의 경우, 장기차입금이나 사채 가운데 상환 기간이 1년 이내인 것은 '1년 이내 상환 예정인 장기차입금' 등으로 항목을 변경하고 고정부채에서 변동부채로 잔고를 이동시킨다. 그러나 내가 아는 한 대부분의 중소기업은 이 항목 변경을 하지 않는다. 일단 장기차입금으로 계상한 것은 기한이 1년 이내가 되더라도 유동부채로 항목을 바꾸지 않는 것이다. 그러면 유동비율이나 당좌비율이 실제 수치와 달라진다.

그래서 감사법인의 감사를 받지 않는 중소기업은 유동비율이 좋아도 장기차입금을 상환하지 못해 갑자기 도산하곤 한다. 장기차입금의 잔고가 많을 때는 그중 1년 이내에 상환해야 할 금액이 얼마나 되는지 확인하는 것도 중요하다.

ⓘ '시가회계' 동결의 시비

　　　　마지막으로 조금 시사적인 문제에 대해 고찰해 보도록 하자. 서브프라임 위기의 발생으로 미국과 유럽을 비롯해 일본의 금융기관 중에는 대차대조표가 크게 손상을 입은 곳이 있다. 보유하고 있는 유가증권의 가격이 크게 하락함에 따라 그것을 시가평가 했을 때 장부가격과의 차액이 '손실'로 계상되며 그만큼 순자산이 감소하게 되기 때문이다.

　이것은 '**시가회계**'가 도입된 데 따른 결과다. 일본에서 시가회계의 대상은 주로 유가증권이나 금융파생상품(스왑이나 옵션 등)이다. 이러한 자산을 결산 당시의 가격으로 바꾸는 것이다. 장부가격(구입했을 때의 가격, 또는 그 후에 바뀐 가격)에 비해 차액이 생기면 그만큼 순자산이 증가하거나 감소한다(정확히는 세금만큼의 세효과를 고려한 후에 변동이 생긴다). 그 외의 자산은 원칙적으로 '구입했을 때의 가격'으로 대차대조표의 자산에 계상된다. 다만 각 기말에 시가평가는 하지 않지만, 수익력을 기준으로 봤을 때 그 자산의 가치가 떨어졌다면 '**감손**' 처리를 한다. 그러나 이것은 가치를 감소시킬 뿐 증가시키지는 않는다. 이 점이 '시가회계'와 다른 점이다.

　그런데 이번 '시가회계' 동결의 뒤에는 서브프라임 문제로 시장에서 은행 등 금융기관이 보유한 사채(社債) 가격이 매겨지지 못하게 된 배경이 자리하고 있다. 사채 시장이 패닉 상태가 되는 바람에 건전하다고 생각되는 사채까지도 가격이 매겨지지 않게 되었다. 그렇게 되자 만기까지 기다리면 거의 확실히 상환을 받을 수 있는 사채조차도 지금까지의 시가회계 기준으로는 '제로'로 평가될 수밖에 없기 때문에 각 은행은 커다란 손실을 계상할 수밖에 없게 되었다.

이렇게 되면 앞에서 설명한 은행의 '자기자본비율 규제' 관계상 자기자본비율이 떨어진 은행은 자산 압축을 할 수밖에 없다. 앞에서 설명했듯이 대형 은행의 자산 중 상당 부분은 대출이므로 은행의 자기자본비율이 떨어지면 대출을 줄일 수밖에 없으며, 그 결과 일반기업의 경영에도 커다란 영향을 끼치게 된다. 그래서 정부는 공적자금 투입을 준비하는 동시에 시가회계의 일시적인 적용 완화에 나섰다. 구체적으로는 만기까지 보유했을 때 높은 확률로 상환이 보장되는 사채에 대해서는 시장에서 가격이 매겨지지 않더라도 적정한 가격으로 평가한다는 것이다. 물론 상환 가능성이 없는 사채나 주식은 시가평가를 하게 된다.

이번 위기 때 실시된 시가회계의 적용 완화는 시장과 시가회계의 문제점을 그대로 드러냈다. 나는 이것이 어쩔 수 없는 조치였다고 생각한다. 엄격한 회계 제도를 유지하기 위해 금융기관, 나아가서는 금융 시스템을 무너트린다면 이것은 주객전도다. 시장이 건전화되더라도 이번 시가회계 제도의 운용은 향후 참고사항이 될 것이다.

🔵 부채를 시가평가하면 '이익'이 생긴다?

시가회계에 관해 미국에서는 기묘한 현상이 일어났다. 재무 내용이 악화된 수많은 대형 금융기관이 **부채의 '평가익'**을 계상한 것이다. 이것은 재무 내용이 악화된 금융기관이 발행한 사채와 차입금의 상환 확률이 낮아진 탓에 부채의 시가평가에 따라 상환 금액을 낮게 잡을 수 있게 된데 따른 결과다. 이 때문에 거액의 유이자부채가 있는 금융기관은 거액의 평가'익'을 냈다. 재무 내용이 악화된 결과 '이익'이 생긴다는 것은 일반인의 감각으로는 이해하기 어려운 일이지만 실제로 그렇게 처리되었다.

그러나 이 시가평가에는 반대론도 거셌다. 나도 '평가' 이익이 아니라 유이자부채의 상환액 감소가 '실제로' 일어났을 때 '실제' 이익으로 계상하는 것이 올바르지 않을까 생각한다. 어쨌든 시가회계라는 제도가 여러 가지 파장을 불러일으킨 서브프라임 위기였다.

🔵 시가회계와 감손회계

　　　이번에는 '시가회계'와 '감손회계'에 대해 설명하도록 하겠다. 시가회계의 경우, 일본에서는 앞에서 설명한 바와 같이 주로 유가증권과 금융파생상품에 적용되고 있다. 한편 감손회계는 그 이외의 자산이 대상이며, 토지나 건물, 나아가서는 매수한 기업의 평가액에 해당하는 '영업권' 등에도 적용된다. 이러한 자산이 충분한 이익을 낳는 동안에는 감손 대상이 되지 않지만, 적자가 계속되거나 자산의 장부가격에 걸맞은 충분한 이익을 낳지 못하게 되었을 때는 그 자산이 만들어낼 미래의 현금흐름을 기준으로 역산해 장부가격을 낮춘다. 그리고 장부가격을 낮춘 만큼 손익계산서에 손실을 계상하게 된다. 일본에서는 감손회계에서 일단 낮춘 장부가격을 다시 높이지 않는다.

　시가회계와 혼동되는 일이 잦은데, 감손회계는 대상이 되는 자산이나 계산 방법이 다르다는 사실에 주의해야 한다.

　일본에서는 '시가회계'를 2001년 3월기와 2002년 3월기에 걸쳐 단계적으로 도입했다. 2001년에는 유동자산에 속하는 유가증권과 금융파생상품에, 2002년에는 고정자산에 속하는 유가증권 등에 적용하게 되었다.

　이것은 **이른바 '국제회계기준'**에 준거한 조치다('이른바'라고 쓴 이유는 국제회계기준과는 조금 다른 점도 있기 때문이다). 일본은 국제회계기준으로서 시가회계 외에 '**연결결산제도의 변경**(2000년 3월기)'과 '**퇴직급여회계**(2002년 3월기)', '**감손회계**(2006년 3월기)' 등을 도입했다. **리스 회계**와 **M&A 회계**도 순차적으로 재검토가 진행되고 있으며, 이것이 도입되면 구미와 거의 똑같은 회계기준이 적용되게 된다.

그러나 이 회계기준이 일본의 모든 기업에 적용되는 것은 아니다. 주로 상장기업에만 적용된다. 이른바 '국제회계기준'은 '**금융상품거래법**'에 준거한 회계기준 적용이 의무화되어 있는데, 이 법의 주된 대상이 상장기업이기 때문이다. 그렇다면 그 외의 기업에는 어떤 회계기준이 적용될까? 바로 '회사법'에 준거한 회계기준이다. 회사법은 모든 기업에 적용되므로 일본 국내의 기업은 먼저 이 회사법에 준거한 회계기준을 준수해야 한다. 상장을 하지 않은 중소기업은 대부분 회사법에 준거한 회계기준에 따라 재무제표를 작성하므로 시가회계나 감손회계의 적용 대상이 아니다.

한편 회사법에는 '**강제평가감**'이라는 개념이 있어서, '눈에 띄게 가치가 하락한 자산'은 그 장부가격을 감액해야 한다. 이것은 회사법의 규정이므로 모든 기업에 적용된다.

상장한 기업은 회사법 규정뿐만 아니라 앞에서 설명한 금융상품거래법에 준거한 회계기준을 함께 적용 받는다. 게다가 기업에 따라서는 그 업계가 속하는 업종의 관련법에 준거해 재무제표를 개시하는 곳도 있다(전력회사의 대차대조표는 고정자산이 거의 제일 처음에 기재된다). 개시된 재무제표가 어느 법률에 준거한 기준으로 작성되었는지를 알아 두는

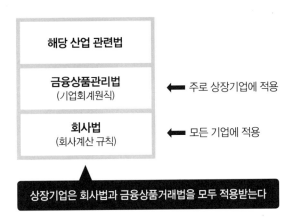

도표 2-4 회사 규칙과 준거법

해당 산업 관련법

금융상품관리법
(기업회계원식)
← 주로 상장기업에 적용

회사법
(회사계산 규칙)
← 모든 기업에 적용

상장기업은 회사법과 금융상품거래법을 모두 적용받는다

것도 중요하다.

대차대조표에 관해서는 **부채와 자본의 조달비용**(WACC), 그리고 이와 관련해 **자산이익률**(ROA)와 **자본이익률**(ROE) 등도 설명할 필요가 있다(〈도요타 자동차〉나 〈가오〉가 무차입 경영을 하지 않는 이유도 이것과 관련이 있다). 또 **차입금의 한도액**이나 그와 관련된 일본의 국가부채 상황 등도 흥미로운 소재인데, 이러한 내용은 《1초 만에 재무제표 읽는 법 : 기본편》에서 자세히 설명했으니 참조하기 바란다.

제3장

손익계산서로
수익성을 분석한다

· · · · ·

기초

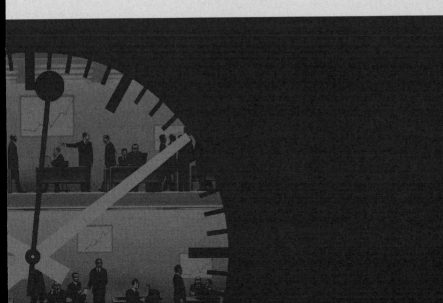

이 장에서 설명할 것은 주로 기업의 수익성을 볼 때 활용하는 손익계산서다. 대차대조표보다 구성은 단순하지만, 중요한 포인트와 빠지기 쉬운 함정이 있기 때문에 이러한 것들을 포함해 설명하고자 한다. 손익계산서 역시 이 장은 기초, 다음 장은 응용으로 구성했다.

📊 손익계산서는 매출액에서 각종 경비를 빼는 구조

손익계산서의 구조를 개괄적으로 보면 **매출액에서 각종 경비를 순서대로 제하는 방식**으로 되어 있다(도표3-1).

먼저 매출액은 보통 상품이나 서비스가 제공된 시기에 계상된다. 현금 수수와는 관계가 없다(이익과 현금흐름이 다른 커다란 요인 중 하나다). 매출액에서 먼저 빼는 것은 '**매출원가**'다. 이것은 판매한 상품이나 서비스에 직접 관계된 비용이다. 도매업이나 소매업에서는 흔히 "원가 속에 이익이 있다."라고 말하는데, 이 매출원가를 어떻게 조절하느냐가 이익을 낳는 첫걸음이다.

매출액에서 매출원가를 뺀 것이 '**매출총이익**'이다. 매출총이익률의 추이를 확인하는 것이 중요하다. 그리고 그 매출총이익에서 '**판매비와 일반관리비**(판관비)'를 뺀 것이 '**영업이익**'이다. 기업의 통상적인 업무 단계에서의 이익을 나타낸다. 이 영업이익이 마이너스라면 기업 활동에 커다란 문제가 발생했다고 해도 좋을 것이다. 영업이익은 기업의 실력이다.

그리고 여기에서 '**영업외수익**'을 더하고 '**영업외비용**'을 뺀 것이 '**경상이익**'이다. 영업외수익, 영업외비용의 중심은 금리다. 현재는 저금리이기 때문에 그다지 신경 쓰지 않는 사람이 많을지도 모르지만, 금리가 상승하면 차입금이 많은 기업은 금리 부담이 늘어나기 때문에 영업이익이 플러스여도 경상이익이 마이너스가 될 수 있다.

손익계산서의 구성

```
        매출액
   −    매출원가
        매출총이익
   −    판매비와 일반관리비
        영업이익
   +    영업외수익
   −    영업외비용
        경상이익
   +    특별이익
   −    특별손실
        법인세 차감전 순이익
   ±    법인세 등
        당기순이익
```

 또한 경상이익에서 일과성 이익이나 손실인 '특별이익', '특별손실'을 조정해 '**법인세 차감 전 순이익**'을 계산한다. 특별이익과 특별손실은 과거에 샀던 토지가 비싸게 팔리거나 태풍으로 공장이 파손되는 등 보통은 일어나지 않는 일이 발생했을 때 계상한다. 다만 국제회계기준에서는 이 특별회계나 특별손실을 영업 단계에 포함시키려는 움직임이 있다.

 마지막으로 여기에서 세금 등을 조정하면 '**당기순이익**'이 나온다. 경영자 중에는 특별손실은 재해가 발생하거나 과거의 투자 등이 실패하는 바람에 입은 손실이니 자신의 경영책임이 아니라고 생각하는 사람도 있지만, 그래도 경영을 하는 이상은 당기순이익을 플러스로 만드는 것이 중요하다. 당기순이익이 계속 마이너스가 이어지거나 거액의 마이너스를 기록하면 회사가 도산할 수도 있기 때문이다.

그러면 지금부터 손익계산서를 보는 법을 설명하도록 하겠다.

① 첫 번째 포인트는 매출액과 이익이 동시에 증가하고 있느냐

기업의 재무제표를 보고 수익성을 판단할 때 나는 먼저 **매출액과 이익이 전년도에 비해 증가했는지**를 본다. 인터넷에는 상장기업 재무제표의 2년분이 공표되어 있기 때문에 매출액과 이익이 증가했는지 금방 알 수 있다. 이 두가지는 양쪽 모두 증가하는 것이 중요하다. 이른바 '증수·증익'이다(여기에도 함정이 있는데, 이에 대해서는 뒤에서 설명하겠다).

먼저 매출액부터 살펴보자. 매출액은 기업의 수익 원천이다. 뒤에서 매출액의 본질에 대해 이야기하겠지만, 수익성을 볼 때는 먼저 매출액이 증가했는지에 주목해야 한다.

〈닛산 자동차〉의 손익계산서를 보자(도표3-2). 2009년 3월기의 매출액은 8조 4,369억 7,400만 엔이다. 이것은 2008년 3월기의 매출액 10조 8,242억 3,800만 엔보다 약 2조 3,873억 엔이 감소한 수치로, 전년 대비 22.1퍼센트에 이르는 큰 폭의 하락이다. 이렇게 매출액이 감소한

도표 3-2 〈닛산 자동차〉의 연결손익계산서 (발췌)

(단위: 백만 엔)

	전 연결회계년도 (2007년 4월 1일~ 2008년 3월 31일)	당 연결회계연도 (2008년 4월 1일~ 2009년 3월 31일)
매출액	10,824,238	8,436,974
매출원가	8,407,398	7,118,862
매출총이익	2,416,840	1,318,112
판매비와 일반관리비	1,626,010	1,456,033
영업이익 또는 영업손실(▲)	790,830	▲137,921
영업외수익	81,827	38,121
영업외비용	106,257	72,940
경상이익 또는 경상손실(▲)	766,400	▲172,740
특별이익	88,138	62,156
특별손실	86,580	108,187
법인세 차감전 순이익 또는 법인세 차감전 순손실(▲)	767,958	▲218,771
법인세, 주민세와 사업세	190,690	▲18,348
법인세 등 조정액	72,018	55,286
법인세 등 합계	262,708	36,938
소수주주 이익 또는 소수주주 손실(▲)	22,989	▲22,000
당기순이익 또는 당기순손실(▲)	482,261	▲233,709

원인은 세계적인 경기 후퇴로 자동차 판매가 격감했기 때문이다.

영업이익과 경상이익, 당기순이익도 전전기에는 각각 흑자를 확보
했지만 2009년 3월기에는 전부 마이너스가 되었다(이익에 관해서는 뒤에
서 설명하겠다).

❶ 매출액과 현금흐름은 다르다

매출액은 기업이 특정 기간 동안 상품이나 서비스를 제공한 대가이며, 상품이나 서비스를 제공한 시점에 발생한다. 그런데 여기에서 주의해야 할 점이 있다. **매출을 올려도 반드시 캐시(현금·예금)가 동시에 증가하는 것은 아니라는 점이다.** '흑자도산'이 발생하는 까닭이 바로 이것이다. 매출액이 생기더라도 반드시 현금이 그와 동시에 입금되는 것은 아니기 때문이다.

여기에서 문제를 하나 내겠다. 매출액이 발생해도 현금이 늘어나지 않는다면 현금이 입금되기까지 회계 처리는 어떻게 될까? 계정과목은 어떻게 될까?

답은 대차대조표의 '외상판매대금'으로 계상된다. '매출액'은 현금이나 수표로 입금되지 않는 한 '외상판매대금'이 된다. 어음을 받으면 '받을 어음' 계정에 계상된다(어음에 관해서는 제1장에서 설명했다). 그리고 그 후에 외상판매대금이나 받을 어음이 결제되면 현금이나 예금이 증가하는 구조로 되어 있다(도표3-3).

매출액이나 이익과 현금흐름은 다르다는 점에 대해서는 제5장에서 다시 자세히 살펴볼 것이다.

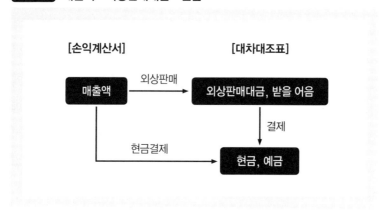

도표 3-3　매출액→외상판매대금→현금

[손익계산서]　　　　　　　　　[대차대조표]

매출액　──외상판매──→　외상판매대금, 받을 어음

　　　　　　　　　　　　　　　　　│결제
　　　　　　　　　　　　　　　　　↓
매출액　──현금결제──────→　현금, 예금

① 매출원가에서 확인할 점

손익계산서의 매출액에서 가장 먼저 빠지는 것이 '**매출원가**'
다. 〈닛산 자동차〉의 경우는 2009년 3월기에 7조 1,188억 6,200만 엔
이다. 매출원가는 판매한 상품이나 서비스에 대해 재료 구입이나 생산
활동으로 발생한 경비를 가리킨다(그 이외에 영업 등에서 발생한 경비는 '판매
비와 일반관리비'가 된다).

매출원가를 볼 때 반드시 확인해야 하는 것이 있다. 하나는 '**매출원
가율(=매출원가÷매출액)**'이다. 〈닛산 자동차〉를 예로 들면 84.4퍼센트가 된
다. 이것이 전년도에 비해 상승했는지 하락했는지를 살펴보기 바란다.
전년도에는 77.7퍼센트였으니 6.7퍼센트나 상승했다. 이것은 좋은 현상이 아니다. 원가가 크게 증가한 것이므로 이익률은 당연히 그만큼 감소한다. 세계적인 원재료 가격 상승이 그 원인 중 하나일 것이다. 또 앞에서도 살펴봤듯이 매출액이 22퍼센트나 감소한 영향도 큰 것으로 생각된다(왜 그런지 알겠는가? 매출원가에도 공장의 감가상각비처럼 고정비가 포함되기 때문이다. 고정 비용은 매출액이 하락해도 감소하지 않으므로 그만큼 매출원가율이 높아진다).

이럴 때는 동종업 타사의 상황이 어떤지도 확인해야 한다(아니, 동종업 타사는 어떤 상황이냐는 생각이 머리에 떠오르지 않으면 곤란하다). 〈도요타 자동차〉의 손익계산서(미국 회계기준)를 보면 2009년 3월기의 매출액은 20조 5,295억 7,000만 엔(이 가운데 상품·제품 매출액은 19조 1,737억 2,000만 엔)으로, 전전기의 26조 2,892억 4,000만 엔(이 가운데 상품·제품 매출액은 24조 8,205억 1,000만 엔)에 비해 21.9퍼센트 감소(상품·제품 매출액의 감소율은 22.8퍼센트)했음을 알 수 있다(도표3-4). 〈닛산 자동차〉와 같은 수준의 감소폭이다. 또 상품·제품의 매출원가는 17조 4,684억 1,600만 엔이며 매출원가율은 91.1퍼센트다. 한편 전전기의 매출원가는 20조 4,523억 3,800만 엔이며 매출원가율은 82.4퍼센트였으므로 매출원가율은 8.7퍼센트 증가했다. 이것은 〈닛산 자동차〉보다 높은 상승률이다(참고로 그보다 1년 전인 2007년 3월기에는 매출액이 23조 9,480억 9,100만 엔(상품·제품 매출액은 22조 6,700억 9,700만 엔), 상품·제품의 매출원가는 18조 3,562억 5,500만 엔, 매출원가율은 81.0퍼센트였다). 천하의 〈도요타 자동차〉도 원가율이 상승한 것이다(〈닛산 자동차〉와 〈도요타 자동차〉의 원가율이 크게 다른 이유는

도표 3-4 〈**도요타 자동차**〉**의 연결손익계산서 (발췌)**

(단위: 백만 엔)

	전 연결회계년도 (2008년 3월 31일에 종료된 1년간)	당 연결회계연도 2009년 3월 31일에 종료된 1년간)
매출액		
상품·제품 매출액	24,820,510	19,173,720
금융 수익	1,468,730	1,355,850
매출액 합계	26,289,240	20,529,570
매출원가, 판매비와 일반관리비		
매출원가	20,452,338	17,468,416
금융 비용	1,068,015	987,384
판매비와 일반관리비	2,498,512	2,534,781
매출원가, 판매비와 일반관리비 합계	24,018,865	20,990,581
영업이익·손실 (▲)	2,270,375	▲461,011
기타 수익·비용 (▲)		
수취 이자와 수취 배당금	165,676	138,467
지급이자	▲46,113	▲46,882
환차익·차손 (▲) 〈총액〉	9,172	▲1,815
기타〈총액〉	38,112	▲189,140
기타 수익·비용 (▲) 합계	166,847	▲99,370
법인세 차감 전 순이익·손실 (▲)	2,437,222	▲560,381
법인세 등	911,495	▲56,442
소수주주지분 손익과 지분법 투자 손익 전 당기순이익·손실 (▲)	1,525,727	▲503,939
소수주주지분 손익	▲77,962	24,278
지분법 투자 손익	270,114	42,724
당기순이익·손실 (▲)	1,717,879	▲436,937

주) 도요타 자동차의 손익계산서는 미국 방식. '경상이익' 과 '특별이익' 이 없는 것에 주목.

〈도요타 자동차〉가 미국 회계기준에 따라 재무제표를 개시한다는 점과 금융 수익을 별도로 계산한다는 점을 생각해 볼 수 있다. 일본에서는 미국 방식에 따른 개시도 인정된다).

이익을 확보하기 위해서는 반드시 원가를 조절해야 한다. 기껏 매출을 올려도 원가가 그 이상이라면 당연히 적자가 된다. 〈도요타 자동차〉는 미증유의 원재료비 상승과 매출 감소에 대항하기 위해 기존의 차종에 이르기까지 부품을 재검토했다. 기존 차종에까지 손을 대는 일은 지금까지 거의 없었다고 한다. 이를 위해 이른바 '**가치공학**(VE)'이라는 수법을 사용했다. 먼저 기능을 재검토한 다음 같은 성능을 내면서도 비용을 낮출 수 있는 방법을 찾아 나가는 것이 가치공학이다(제4장에서 도요타 자동차와 GM에 대해 더 자세히 분석할 것이다).

🔘 매출원가는 제조원가와 다르다

매출원가에 대해서는 또 한 가지 중요한 점이 있다. **매출원가는 제조원가와 다르다**는 것이다. 제조한 상품이 모두 그 해의 매출원가가 되지는 않는다. **만든 상품 중에서 팔린 분량만큼만 매출원가가 된다**(앞항에서 매출원가란 '판매한 상품이나 서비스에 대해 재료 구입이나 생산 활동으로 발생한 비용'이라고 설명했는데, '판매한 상품이나 서비스에 대해'라는 말은 바로 그런 의미다).

매입한 것, 만든 것은 일단 전부 대차대조표의 '재고자산'이 된다. 이것이 대원칙이다. 그리고 그중에서 팔린 분량만큼이 매출원가가 된다(도표3-5).

이것은 매우 중요한 포인트다. 제조업에서는 팔리지 않는 상품을 많이 만들면 당장은 매출원가가 되지 않지만 재고는 대량으로 늘어나므로 손익계산서 상으로는 이익이 난 것처럼 보인다. 많이 만드는 편이 한 개당 비용을 낮출 수 있으므로, 대량의 재고를 안게 될 줄을 알면서도 대량 생산을 하면 한 개당 매출원가는 낮아진다. 많이 만들어 재고를 끌어안는 편이 이익을 내기 쉽게 되어 있다.

그 이유는 무엇일까? 제조에는 공장의 감가상각비 같은 고정비가 들어가는데, 같은 고정비를 가령 1,000개가 부담하기보다는 10배를 더 만들어 1만 개가 부담하는 편이 한 개당 고정비 부담이 줄어들게 된다. 변동비는 같으므로 당연히 매출원가는 내려간다.

이처럼 마음만 먹으면 '합법적으로' 분식회계를 할 수 있다. 회사 전체가 한통속이 되지 않더라도 어느 부문의 관리자가 계열 부문의 실적을 좋게 보이기 위해 원가를 낮추려는 목적으로 대량 생산을 하는 일은 충분히 있을 수 있다. 재고만 신경 쓰지 않는다면 같은 수를 팔더라도 많이 만드는 편이 한 개당 단가를 낮출 수 있기 때문에 표면적으로는 이익이 늘어난다. 회계(재무회계)상으로는 비용을 매출과 관련짓기 때문에, 다시 말하면 매출이 발생했을 때 그 비용을 계상하는 것이 원칙이기 때문에 일어나는 문제점이다(이에 대해서는 뒤에서 다시 한 번 자

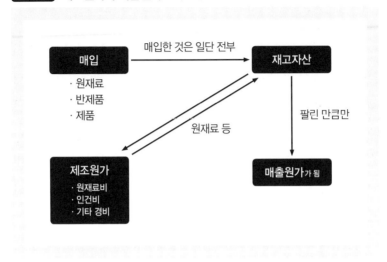

세히 설명할 것이다).

이 문제를 해결하기 위해 관리회계에서는 '**직접원가계산**'이라는 계산 방법을 사용할 때가 종종 있다. 이익을 계산할 때 발생한 고정비를 전부 그 기간의 비용으로 제하는 것이다.

또 일정기간의 실적을 '이익'이라는 회계상의 개념이 아니라 '현금흐름(현금·예금)'을 바탕으로 파악해도 이러한 문제점을 해소할 수 있다. 재고증가를 각오하고 제품을 만들어도 현금흐름은 발생하지 않기 때문이다.

ⓘ 매출액을 볼 때는 재고증감을 반드시 확인한다

이와 같은 합법적인 '분식회계'에 속지 않으려면 제조업의 경우 '재고자산'의 증감을 확인하는 것이 중요하다. 앞에서 이미 설명했듯이, 매출총이익이 증가했더라도 생산량을 늘려 한 개당 단가를 낮추었을 가능성이 있다. 그럴 때는 팔다 남은 제품이 대량으로 발생하므로, 재고량이 매출액의 증가분에 비해 크다면 의심을 해 봐야 한다. 그렇게까지 심하지는 않더라도 팔 수 없는 재고를 안고 있을 가능성도 있다.

제조업이 아니라 해도 재고증감 상황의 확인은 꼭 필요하다. 도매업이나 소매업은 '리베이트'나 많이 사면 할인을 해 주는 경우가 있다. 그럴 때는 불필요한 양을 구입하게 될 수도 있다.

재고의 증가는 그대로 현금흐름의 악화로 직결되므로, 매출액의 증감을 볼 때는 재고의 증감도 확인하는 자세가 필요하다.

ⓘ 이익에 현혹되지 마라

표면적으로 이익이 나는 회사가 안전하다는 생각은 위험하다. 앞에서도 설명했듯이 기업이 만든 제품(제조원가)이나 매입한 물건이 전부 즉시 '매출원가(=그 기의 비용)'가 되지는 않음을 이해하고 있어

〈어번 코퍼레이션〉의 연결손익계산서

(단위: 백만 엔)

	2008년 3월기 (2007년 4월 1일~ 2008년 3월 31일)	2007년 3월기 (2006년 4월 1일~ 2007년 3월 31일)
매출액	243,685 ◀———	180,543
매출원가	145,750	99,608
매출총이익	97,934	80,935
판매비와 일반관리비	28,297	19,663
영업이익	69,636 ◀———	61,271
영업외수익	1,561	982
영업외비용	9,521	5,854
경상이익	61,677	56,398
특별이익	3,519	5,443
특별손실	3,747	3,290
법인세 차감전 순이익	61,450	58,552
법인세, 주민세와 사업세	25,237	18,556
법인세 등 조정액	▲1,046	4,203
소수주주 이익	6,131	5,753
당기순이익	31,127	30,039

야 한다. 다시 한 번 말하지만, '만든 것이나 매입한 것 중 팔린 분량만이 매출원가가 된다'가 원칙이다.

2008년에 도산한 종합 부동산 기업 〈어번 코퍼레이션〉을 예로 들어 설명하도록 하겠다. 먼저 〈어번 코퍼레이션〉의 손익계산서를 살펴보기 바란다(도표3-6).

2008년 3월기 결산에서 〈어번 코퍼레이션〉의 매출액은 2,437억 엔으로 전기에 비해 631억 엔이 증가했다. 또 영업이익도 699억 엔으로 전기에 비해 84억 엔이 늘어났다. 이렇게 보면 매우 좋은 성적으로 느껴진다. 그러나 〈어번 코퍼레이션〉은 결산 발표 후 얼마 되지 않아 도산하고 말았다.

손익계산서의 구성은 앞에서도 설명했듯이 '매출액'에서 '매출원가'를 빼 '매출총이익'을 계산하고, 여기에서 '판매비와 일반관리비'를 빼 '영업이익'을 계산한다. 〈어번 코퍼레이션〉의 매출원가를 살펴보면 1,458억 엔으로 전년대비 461억 엔이 증가했다. 그러나 여기에서 주의해야 할 점은 앞에서도 설명했듯이 '매입한 것 전부가 매출원가가 되지는 않는다.'라는 사실이다. 매입한 것은 일단 대차대조표상의 자산인 '재고자산'이 된다. 즉 재고다. 〈어번 코퍼레이션〉의 경우 판매용 부동산이 재고자산이 되는데, 이것의 규모를 대차대조표에서 찾아보면, 2007년 3월기에 2,930억 엔이던 것이 2008년 3월기에는 4,378억 엔으로 1년 사이에 1,448억 엔이나 증가했다. 지금까지 몇 번을 말했듯이, 매입한 것 중 판매된 분량만큼이 매출원가가 된다. 계산식은 '**매출원가 = 기초(期初)재고 잔액 + 당기매입액 - 기말재고 잔액**'이다. 이 식을 이용해 당기 매입액을 계산해 보면, '당기매입액 = 매출원가 - 기초재고 잔액 + 기말재고 잔액'이므로 2,906억 엔을 매입했음을 알 수 있다. 즉 〈어번 코퍼레이션〉은 매출원가로 계상된 1,458억 엔의 두 배나 되는 2,906억 엔을 매입에 사용한 것이다.

아무리 매입을 많이 해도 팔리지 않는 한 손익계산서에 비용으로 계상되지 않는다. 재무회계(외부에 개시하기 위한 제도 회계)에서는 매출액이 계상될 때 그 비용을 계상하는 것이 대원칙이기 때문이다. 이것이 재무회계의 제도상의 한계점 중 하나라고 할 수 있다.

이 〈어번 코퍼레이션〉 문제에 대해서는 제5장에서 현금흐름의 관점으로 다시 한 번 자세히 설명하도록 하겠다.

ⅡⅠ 제조업의 합법적인 '분식회계' 방법

그리고 앞에서도 조금 다루었지만, 제조업의 경우는 이 개념을 이용해 합법적으로 '분식회계'나 다름없는 조작을 할 수 있으니 더욱 주의가 필요하다. 대량으로 생산을 하면 표면적인 이익을 낼 수 있기 때문이다.

그 원리는 이렇다. 예를 들어 어떤 공장의 연간 고정비가 100억 엔이라고 가정하자. 그리고 연간 100만 개를 제조한다고 가정한다. 그러면 제품 한 개당 고정비는 1만 엔이 된다. 이 때 변동비가 2만 엔이라고 하면 제품 한 개당 제조원가는 3만 엔이다. 판매 가격을 한 개당 4만 엔이라고 하면 하나를 팔 때마다 1만 엔의 이익이 생긴다. 그리고 이 회사는 제조한 100만 개를 전부 판매할 수 있다고 가정한다.

이 상황에서 만약 이 공장이 연간 100만 개가 아니라 1,000만 개를 만든다면 이익은 어떻게 될까? 한 개당 변동비(2만 엔)는 변하지 않지만 고정비는 한 개당 1만 엔에서 1,000엔으로 크게 감소한다. 따라서

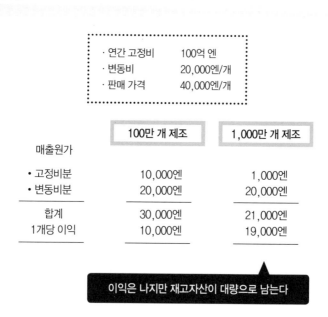

도표 3-7 많이 만들면 매출원가가 낮아진다

```
· 연간 고정비        100억 엔
· 변동비           20,000엔/개
· 판매 가격        40,000엔/개
```

매출원가	100만 개 제조	1,000만 개 제조
• 고정비분	10,000엔	1,000엔
• 변동비분	20,000엔	20,000엔
합계	30,000엔	21,000엔
1개당 이익	10,000엔	19,000엔

이익은 나지만 재고자산이 대량으로 남는다

한 개당 제조원가는 2만 1,000엔으로 9,000엔이 하락한다. 그리고 한 개당 이익도 판매 가격은 그대로 4만 엔이므로 1만 엔에서 1만 9,000 엔으로 대폭 상승한다.

그러나 만약 판매 가격을 바꾸지 않는다면 한 개당 이익은 커지지만 팔리는 개수는 전과 다름없이 100만 개일 것이다. 그렇다면 900만 개라는 대량의 재고(재고자산의 증가)가 발생하게 된다.

즉 손익계산서상의 이익은 9,000엔×100만 개 = 90억 엔이 증가하지만 1,890억 엔(2만 1,000엔×900만 개)이라는 막대한 재고자산이 계상되게 된다. 지금까지의 설명으로 이미 깨달았겠지만, 제조업에서는 재고자산이 증가할 것을 각오하면 같은 수의 제품을 팔더라도 이익을 '뽑아낼' 수가 있는 것이다.

물론 제조를 늘리는 것이나 〈어번 코퍼레이션〉의 예처럼 매입을 늘리는 것은 현금흐름의 악화를 불러오지만 이익에는 영향을 주지 않는다. 오히려 지금까지 살펴봤듯이 제조업에서는 한 개당 고정비 부담을 줄이기 위해 '합법적으로' 표면적인 이익을 증가시킬 수 있다.

경기가 악화되고 있는 요즘, 기업을 볼 때는 손익계산서상의 이익뿐만 아니라 대차대조표상의 '재고자산'과 제5장에서 설명할 현금흐름계산서의 '영업현금흐름'의 동향에 더욱 주의를 기울여야 한다.

 재무회계와 관리회계

'재무회계(Financial Accounting)'는 회사법 등의 규칙에 따라 기업 외부에 개시할 것을 목적으로 한 회계다. 대차대조표와 손익계산서는 재무회계상의 개념이다. 상장기업은 회사법 외에 금융상품거래법상의 개시도 의무화되어 있다. 현금흐름계산서가 여기에 해당한다.

한편 '관리회계(Managerial Accounting)'는 주로 경영관리상의 필요에 따라 기업 내부에서 사용하는 것을 목적으로 한 회계다. 정해진 규칙은 없으며, 기업 경영자가 사용하기 편리한 지표 등을 사용한다. '자산이익률(ROA)'이나 '인시 생산성(한 명이 1시간 동안 만들어낼 수 있는 부가가치액)' 등은 여기에 해당한다.

여기에서 설명한, 제조원가나 매입액 중 '팔린 분량'만큼을 매출원가로 계상하는 방식을 '전부원가방식'이라고 한다. 이것은 재무회계상의 개념이다. 왜 이 방식을 채용하느냐면, 재무회계에서는 매출액이 계상되는 시기와 그 비용이 계상되는 시기를 일치시킨다는 대전제가 있기 때문이다.

제조에 들어간 고정비를 전부 그 기간의 경비로 삼는 '직접원가계산'은 재무회계에서는 인정되지 않는 관리회계상의 개념이다. '현금흐름'을 바탕으로 실적을 파악하는 것도 관리회계. 관리회계에서는 자사의 실정에 맞춰 적절한 지표를 만든다.

ⓘ 왜 매출액이 중요한가?

잠시 원론 이야기를 하도록 하겠다. "매출을 올려라, 이익을 내라."라고 말하는 경영자가 많은데, '매출액이란 무엇인가?', '이익이란 무엇인가?'를 정확히 설명할 수 있는 사람은 별로 없을 것이다. 손익계산서나 회계는 '이론'이지만, 그 뒤에는 사실 '경영철학'이 있다. '매출액'의 경영적 의미, 손익계산서의 경영적 의미를 알면 매출을 올리는 것, 이익을 올리는 것에 확신을 가질 수 있다. 즉, 매출액이나 이익을 '집념'으로 올리는 것이 아니라 '신념'으로 올릴 수 있게 된다.

지금까지 설명했듯이 손익계산서는 매출액에서 매출원가, 판매비와 일반관리비 같은 비용을 차례대로 제하는 것이므로 매출액이 이익의 원천이라는 사실은 금방 알 수 있을 것이다. 그러나 매출액에는 그런 의미 외에도 경영적으로 커다란 의미가 있다. **매출액은 사회에서 기업의 '존재'를 나타낸다.** 기업이 상품이나 서비스를 제공하면 그 '대가'로 매출액이 발생한다. 상품이나 서비스가 시장에서 차지하는 크기가 바로 매출액이다. '점유율'은 매출액을 기준으로 표시된다. 사회에서 기업이 차지하는 크기, 업계에서의 지위를 나타내는 지표가 매출액인 것이다.

또 매출액을 '평가'로 볼 수도 있다. 고객 제일주의를 표방하는 기업이 적지 않은데, 좋은 상품이나 서비스를 제공하면 그만큼 매출액이 증가한다. 그런 의미에서 **매출액은 고객의 '평가'나 '만족도'**이기도 하다.

회계를 지식으로만 공부하면 이런 설명은 불필요하다. 그러나 경영 현장에 있는 사람은 단순한 표면적인 지식뿐만 아니라 그 근간에 흐르는 사상과 경영철학을 가지고 그것을 부하 직원이나 (나 같은 컨설턴트의 경우에는) 기업 경영자에게 알려줄 필요가 있다. 지식과 함께 철학도 가지고 있어야 경영에 대한 신념이 강해질 수 있다고 생각한다.

ⓘ 매출총이익과 부가가치를 확보하는 것이 중요하다

매출총이익은 매출액에서 매출원가를 뺀 금액이다. 제조업의 경우에는 앞장에서도 다루었듯이 제조원가가 일단 대차대조표의 '재고자산'이 되며 그중에서 팔린 분량이 매출원가가 되기 때문에, 매출원가에는 매입비 이외에 제조와 관련된 인건비나 그 밖의 경비가 포함된다. 제조원가에는 원재료비와 제조와 관련된 인건비, 그리고 기타 경비가 포함된다.

어떤 업종이든 **매출총이익률을 떨어트리지 않는 것**(매출원가율을 높이지 않는 것)과 **매출총이익의 절대액을 확보하는 것이 중요**하다. 일하는 사람의 인건비를 마련하려면 매출총이익을 올리는 수밖에 없기 때문이다(다만, 제조업에서는 공장에서 일하는 사람 등 제조원가에 관여하는 인건비가 제조원가에 계상되며, 그것은 일단 재고자산이 되었다가 매출원가의 일부를 구성한다. 그러나 그 밖의 인건비는 매출총이익에서 지출된다). 제조업 이외에는 매출총이익에서 모든 인건비가 지급된다. 그러므로 매출총이익을 증가시키지 못하면, 나아가 한 명당 매출총이익을 높이지 못하면 급료를 올릴 수가 없다.

그러면 잠시 '**부가가치**'에 대해 설명하고 넘어가도록 하겠다. 부가가치란 그 기업에서 만들어낸 가치를 가리킨다. 정의는 '매출액 - 매입액'이다. 도매업이나 소매업, 아니면 나 같은 컨설팅 회사 등은 대체적으로 '매출총이익 = 부가가치'다. 매출원가가 모두 매입액이기 때문이다(컨설팅 업체가 매입하는 것이 있느냐며 의문을 품는 사람도 있겠지만, 세미나에서 사용할 호텔 연회장의 대실료나 판매를 위한 도서구입대금 등은 매출원가에 계상된다). 한편 제조업의 경우는 앞에서도 설명했듯이 제조에 관여한 인건비나 기타 경비가 매출원가에 포함되기 때문에 매출총이익과 부가가치가 일치하지 않는다. 부가가치가 더 커진다.

앞에서 한 명당 매출총이익을 증가시키는 것이 중요하다고 말했는데, 제조업까지 포함해서 말하자면 정확히는 **일하는 사람 한 명당 부가가치액을 증가시키는 것이 중요**하다.

🎙 각 기업별 부가가치의 합계가 GDP

모든 기업의 부가가치액을 합산한 것이 '국내총생산(=GDP)'이다. 일본의 GDP는 명목(실액) 기준으로 약 482조 엔이다(2009년 1~3월, 연 환산). 그러므로 국민의 경제적 행복을 증대시키려면 GDP, 그것도 1인당 GDP의 증가가 중요하다. 사분기별로 GDP가 발표될 때마다 정부가 일희일비하고 그것을 신문 등이 1면 기사로 다루는 이유는 국민의 '경제적 행복'과 직결되기 때문이다. 기업으로서나 국가로서나 부가가치, 그것도 1인당 부가가치를 늘리는 것이 중요하다는 사실을 이제 알았을 것이다.

각 기업의 **부가가치에서 차지하는 인건비의 비율**을 '**노동분배율**'이라고 한다. GDP(=일본 전체의 부가가치의 합계)에서 차지하는 인건비의 비율도 역시 노동분배율이다. 미시적으로든 거시적으로든 정의는 같다.

기본편에서도 거시경제에 관한 이야기를 했었는데, 이 책에서도 곳곳에 거시경제 이야기를 담았다. 내 본업은 경영 컨설턴트다. 한편 회계대학원의 특임교수이기도 하기 때문에 회계와 재무제표에 해박한 것은 당연하다. 그러나 나는 그와 비슷할 정도로 거시경제에 흥미가 있다. 내가 고문으로 있는 기업 중에는 몇 달에 한 번씩 거시경제 동향만을 강의하러 가는 곳도 있을 정도다.

내게는 기업회계나 거시경제나 똑같은 흥미의 대상이다. 기업의 숫자를 보고 그 기업의 실태나 실력을 간파하는 것과 마찬가지로 거시경제의 지표를 보고 경제 전체의 실력을 가늠한다. 그리고 거시경제가 미시적인 기업 활동에 직접 영향을 준다는 점에서, 기업에 조언을 하는 경영 컨설턴트인 나로서는 거시경제 분석을 거를 수 없다. 경기가 나빠질 것 같은 시기에 설비투자를 하려고 한다면 반대할 수밖에 없다.

또 십여 개 회사의 비상근 이사직과 그 외에 고문을 맡은 회사가 여러 곳 있기 때문에 기업의 실적을 열람할 수 있는데, 그 숫자를 바탕으로 거시경제의 상황을 유추할 수 있다. 나에게 거시경제와 미시경제는 일심동체로 느껴지기 때문에 양쪽의 숫자를 모두 보지 않으면 세상을 제대로 보고 있다는 생각이 들지 않는 것이다. 거시경제와 미시경제의 숫자는 직접 연결되어 있으며 각각 관련성을 지니고 있다. 여러분도 회계뿐만 아니라 거시경제를 볼 수 있게 된다면 좀 더 회계를 쉽게 이해할 수 있을 것이다.

ⓘ 판매비와 일반관리비가 증가하지 않았는가?

손익계산서에서 이야기로 돌아가자. 매출총이익까지 설명했다. 다음에 설명할 것은 '**판매비와 일반관리비**'다. '판관비'라고 줄여서 부를 때도 많다. 여기에서는 매출액에 대한 판관비의 비율(=판관비율)을 유추하는 것이 중요하다.

〈닛산 자동차〉의 경우(도표3-2를 참조), 2009년 3월기의 판매비와 일반관리비는 1조 4,560억 3,00만 엔이며 판관비율은 17.3퍼센트다. 2008년 3월기의 1조 6,260억 1,000만 엔(판관비율 15.0퍼센트)과 비교하면 실액은 약 1,699.8억 엔, 판관비율은 2.3퍼센트 증가했다. 전전기에 판관비율이 하락했음을 생각하면 대출액의 대폭적인 감소가 판관비율의 상승에 영향을 끼쳤다고 할 수 있을 것이다.

그러면 〈가오〉의 판관비율 추이를 살펴보자. 가오는 2006년 3월기에 〈가네보 화장품〉을 매수했다. 그에 따라 제조원가와 판관비가 어떻게 변화했는지 살펴보면 꽤 흥미로운 사실을 알 수 있다.

도표3-8을 보면 한눈에 알 수 있지만, 2006년 3월기와 그 이후는 매출원가율과 판관비율이 크게 달라졌다. 2005년 3월기와 2005년 3월기의 매출원가율은 각각 43.2퍼센트와 44.0퍼센트였던 데 비해 2007년 3월기와 2008년 3월기에는 40.9퍼센트와 42.0퍼센트였다. 〈가네보 화장품〉을 매수한 전후로 크게 하락한 것이다(〈가네보 화장품〉을 매수한 시기가 연도말에 가까웠기 때문에 2006년 3월기에는 큰 영향을 주지 않았다. 참

〈가오〉의 매출원가율, 판관비율

	05/3	06/3	07/3	08/3	09/3
매출원가율	43.2%	44.0%	40.9%	42.0%	43.6%
판관비율	43.8%	43.6%	49.3%	49.2%	48.6%
합계	87.0%	87.6%	90.0%	91.2%	92.2%

※2006년 3월기에 〈가네보 화장품〉을 매수.
※화장품 부문 매수로 일단 하락한 매출원가율이 자원가격 급등으로 상승.
※판관비율은 상승하지만 억제 추세로.

고로 2009년 3월기에는 원료 가격 상승과 매출 감소 등의 영향을 받아 43.6퍼센트로 상승했다). 한편 판관비율은 43.8퍼센트, 43.6퍼센트였던 것이 49.3퍼센트와 49.2퍼센트로 크게 뛰어올랐다. 2009년 3월기에는 48.6퍼센트로 낮아졌지만, 매출원가율 상승을 전부 흡수하지는 못했다.

이것을 보고 무엇을 말할 수 있을까?

화장품 부문을 강화한 덕분에 매출원가가 낮아졌다는 말은 화장품의 원가율이 〈가오〉의 주력 상품인 생활 제품보다 많이 낮다는 뜻이다. 한편 화장품은 광고 등의 판관비가 높기 때문에 판관비율이 상승했을 것이다. 원가율 하락과 판관비율 상승에 따른 플러스마이너스의 영향을 종합하면 영업이익이 〈가네보 화장품〉을 매수하기 전의 수준까지는 아직 회복되지 않은 것이 현 상황이다.

또 주의해서 봐야 할 것은 화장품 부문의 강화로 내려갔던 원가율이 2008년 3월기에는 전기보다 1퍼센트 이상 증가했다는 점이다. 원가관리가 엄격한 〈가오〉도 원재료 가격 상승의 영향을 피할 수는 없었던 것으로 보인다.

또한 〈가오〉가 〈가네보 화장품〉을 매수한 배경에는 부채와 순자산의 조달비용 문제가 크다고 생각한다.

ⓘ 영업이익, 영업외손익

매출액에서 매출원가를 빼면 매출총이익을 계산할 수 있다. 그리고 여기에서 판매비와 일반관리비(판관비)를 뺀 것이 **'영업이익'**이다. 이것이 영업 단계에서의 기업의 실력이라고 할 수 있다. 매출액을 늘리고 영업이익을 증가시키는 것이 무엇보다 중요하다.

이 때 '매출액 영업이익률(=영업이익÷매출액)'이 상승하면 통상적인 사업 활동의 효율이 높아졌다는 의미다. 이것을 분해해서 생각하면 지금까지 살펴봤듯이 '매출원가율이 낮아지는 것'과 '판관비율이 낮아지는 것'으로 나눠서 생각할 수 있다. 매출원가는 매입액과 제조원가로 각각 나눠서 생각할 수 있다. 또 판관비는 인건비(복리후생비를 포함)와 임대료, 운송비(발송·배달비), 통신비 등 더욱 세분화해 살펴볼 수 있다. 자세히 분석하려면 '결산 단신'이나 '유가증권 보고서' 등을 이용해야 하는데, 상장기업은 자사의 인터넷 홈페이지에 공표한다.

영업이익에서 **영업외수익**과 **영업외비용**을 조정하면 **'경상이익'**을 계산할 수 있다. 또한 영업외수익에는 수취 이자와 배당금, 지분법에 따른 투자이익, 환차익 등이 포함된다. 한편 영업외비용에는 지급이자와 지분법에 따른 투자손실, 환차손 등이 포함된다. 현재는 금리 수준이 낮기 때문에 이자에 대한 관심이 약하지만, 2008년에는 자원 가격의 상승 등으로 인플레이션이 전세계적으로 진행되면서 일본의 소비자 물가도 오랜 디플레이션에서 벗어나 한때 2퍼센트를 넘는 수준에 이르기도 했다. 이 후 세계 동시 불황에 영향을 받아 다시 디플레이션 경향으로 돌아서기는 했지만, 장기적으로는 신흥 국가의 경제 확대로 인해 자원 인플레이션이 계속될 경우를 생각해 볼 수 있다.

금리가 오르면 부채가 많은 기업은 금리 지급액이 급증할 가능성이 있다. 그럴 때는 '이자보상비율'을 봐야 한다. 영업이익의 몇 퍼센트를 이자 지급에 사용했느냐는 지표다. 이자 지급액이 커지면 영업이익이 플러스여도 경상이익은 마이너스가 될 수 있다.

🔘 지분법 손익이 있으면 관련회사가 있다는 뜻이다

앞항에서 영업외이익에는 **지분법에 따른 투자이익**, 영업외비용에는 **지분법에 따른 투자손실**이 포함된다고 말했는데, 여러분은 이것이 무슨 의미인지 알고 있는가?

제1장에서도 설명했지만, 지분법에 따른 이익이나 손실이 있을 때는 '관련회사'를 소유하고 있다고 생각하기 바란다('지분법'의 의미나 '자

도표 3-9 〈도요타 자동차〉의 투자 이익 감소액이 2,000억 엔을 넘다

(단위: 백만 엔, %)

	순위	회사명	증감액	
증가액 상위	1	스미토모 상사	33,012	(58)
	2	파나소닉	26,055	(−)
	3	신일본제철	6,369	(12)
	4	일본 소다	5,049	(368)
	5	도쿄 전력	4,650	(51)
	6	와코르 홀딩스	4,285	(−)
	7	오사카 가스	2,176	(41)
	8	야후	1,995	(−)
	9	오지 제지	1,858	(47)
	10	미쓰비시 상사	1,755	(1)
	11	도쿄 가스	1,754	(46)
	12	히다치 소프트	1,689	(−)
	13	후지 전기 홀딩스	1,561	(−)
	14	신일본석유	1,456	(33)
	15	메이지 해운	1,359	(912)
	순위	회사명	감소액	
감소액 상위	1	도요타 자동차	227,390	(▲84)
	2	소니	125,926	(−)
	3	미쓰비시 전기	78,390	(−)
	4	미쓰이 물산	69,461	(▲45)
	5	소프트뱅크	69,170	(−)
	6	다케다	53,813	(▲95)
	7	미쓰비시 소재	45,909	(−)
	8	후지쓰	43,241	(−)
	9	스미토모 금속 광산	42,420	(▲57)
	10	닛산 자동차	38,586	(−)
	11	마루베니	33,688	(▲61)
	12	NTT	32,942	(−)
	13	이토추	28,934	(▲41)
	14	스미토모 화학	23,972	(−)
	15	혼다	19,908	(▲17)

주) 2009년 3월기의 지분법에 따른 투자손익 증감액. 괄호 안은 전기대비 증감률(퍼센트). ▲는 감소,
−는 적자 또는 흑자 전환 등의 이유로 비교가 불가능.
출처) '니혼게이자이신문' (조간) 2009년 6월 11일자.

회사'와 '관련회사'의 차이는 기억하고 있는가? 제1장에서 이미 설명한 바 있다. 혹시 기억이 나지 않는 사람은 다시 한 번 확인하도록 하자). 관련회사가 있으면 지분법에 따른 투자이익이나 손실이 영업외이익이나 비용으로 나타난다는 것을 다시 한 번 확인해 두기 바란다.

도표3-9는 2009년 3월기에 지분법 투자이익의 증감이 큰 회사의 순위다(2009년 6월 11일자 니혼게이자이 신문 조간에서 발췌했다. 신문이나 잡지 기사 등에 공부한 내용이 나왔을 때 바로 확인하면 공부에 도움이 된다).

 COLUMN **경상이익과 경상수지**

　　여기에서 경상이익에 대한 이야기를 했는데, 국가 단위로는 '경상수지' 라는 말을 들어 본 적이 있을 것이다. 경상수지는 네 가지 요소로 구성되어 있다.

　　① 무역 수지 (수출 – 수입)
　　② 서비스 수지 (서비스 수출 – 수입: 특허 사용료나 보험료 등)
　　③ 소득 수지 (주식의 배당, 투자 수익, 해외에서 일했을 때의 보수)
　　④ 경상이전 수지 (정부 원조 등)

이렇게 생각하면 경상수지 중에서 무역 수지와 서비스 수지는 회사의 '영업이익' , 그리고 소득 수지와 경상 이전 수지를 조정한 경상수지는 '경상이익' 에 해당하는 분위기다. 같은 '경상' 이라는 단어를 사용했기 때문에 왠지 궁금했는데, 조사해 보면 재미있는 점도 있다.

참고로 '국제 수지'는 지금 여기에서 설명한 '경상수지'에 '자본수지(자본의 흐름)'와 '외화 준비고 증감'을 더한 것이다(거시적으로도 의미를 올바르게 알아 두는 것이 중요하다).

ⓘ 특별이익, 특별손실, 당기순이익

경상이익에서 **특별이익**과 **특별손실**을 조정하고 여기에 법인세와 주민세, 사업세를 제한 다음 다시 법인세 등 조정액, 소수주주 이익을 조정하면 '당기순이익'이 산출된다. 특별이익과 특별손실은 일과성 이익 또는 손실이다. 예전에 사 놓았던 토지를 매각했더니 이익이 생겼거나 손실이 났을 때 등의 손익이다. 〈도요타 자동차〉가 사용하는 미국식 손익계산서에는 특별이익이나 특별손실이 없다. 앞으로는 일본도 〈도요타 자동차〉처럼 미국식을 사용하는 방향으로 진행될 예정이다('포괄 이익'이라는 개념이 도입될 예정이다).

법인세 등 조정액은 **'세효과회계'**의 항목인데, 재무회계상의 '비용'과 세무회계상의 '손금'액의 계상 시기의 차이에 따른 세금납부 시기의 차이를 조정하는 것이다. 다만 이 설명만으로 금방 이해할 수 있는 사람은 회계를 잘 아는 사람이다. 세효과회계는 이해하기가 조금 까다로운 편인데, 실제 납부하는 세금액과 재무회계상 이론적으로 계산되는 납부 세액(나중에 실제로 되돌려 받거나 납부할 예정인 것)을 조정한다고 생각하기 바란다.

 COLUMN 재무회계와 세무회계

앞의 칼럼에서 재무회계와 관리회계에 대해 이야기했는데, '세무회계(Tax Accounting)' 라는 말도 기억해 두기 바란다. 세무회계란 세금을 계산하기 위한 회계다. '이익에 세율을 곱한 것이 세금이잖아?' 라고 생각할지도 모르지만, 사실 재무회계상의 이익과 세무회계상의 이익('과세 소득')은 큰 차이가 있다. 재무회계상의 비용과 세무회계상의 비용(이것을 '손금(損金)' 이라고 한다)에 차이가 있기 때문이다.

예를 들어 세무상으로는 200만 엔에 산 영업 차량을 5년 뒤에 상각한다고 하면 1년에 40만 엔의 상각비를 손금에 산입할 수 있다. 즉 이익이 나고 있다면 40만 엔의 손금에 세율(예를 들면 40퍼센트)을 곱한 만큼(16만 엔)의 세금이 매년 저렴해지게 된다. 그러나 영업사원이 그 차를 험하게 사용해 2년밖에 쓰지 못했다면 재무회계상으로는 2년 동안에 상각하는 것이 정답이다. 즉 1년에 100만 엔씩 상각해 그것을 비용화하는 것이다. 그러나 세무상으로는 40만 엔밖에 손금에 산입할 수 없기 때문에 세금은 16만 엔밖에 절약하지 못한다. 다만 2년이 지나 자동차가 실제로 사용할 수 없게 된 뒤에도(재무회계상 자산 가치가 제로가 된 뒤에도) 그 후 3년간은 매년 16만 엔씩 세금을 절약할 수 있다. 즉 16만 엔×3년분의 세금을 앞으로 내지 않아도 되는 것인데, 자동차의 상각비를 재무회계상 비용화한 것과 같은 시기에(즉 같은 기에) 세금도 이론적으로 절약할 수 있다고 생각하고 조정하는 것이 '세효과회계'다(앞에서 나온 '법인세 등 조정액'이 여기에 해당한다).

조금 복잡하게 느껴질지도 모르지만, 재무회계와 세무회계상의 이익액이 다를 때가 있다는 것만 기억해 두기 바란다.

🔘 이익이란 무엇인가?

누군가가 "이익이란 무엇인가요? 왜 이익이 필요하지요?"라고 물어본다면 여러분은 대답할 수 있겠는가? 이와 같이 근본적이고 경영철학적인 부분을 확실히 파악하지 못하고 단순히 회계적인 지식만을 이해하고 있어서는 경영을 할 수 없다. 이러한 것을 이해하지 못하면 상사에게 이익을 내라는 지시를 받았을 때 그 지시에 대해 단순히 '명령이니까', '목표니까'라는 생각으로 일하게 되며, 그 결과 점차 의욕을 잃고 만다. 또 경영자도 이익에 대한 기본적인 철학을 가지고 있지 않으면 집념이나 근성만으로 이익을 내려고 하는 이해하기 힘든 경영을 하게 된다.

이익에는 '**결과**'로서의 이익과 '**수단**'으로서의 이익이 있다. 먼저 결과로서의 이익부터 살펴보자. 이익이란 첫째로 '**궁리**'의 **결과**다. 같은 매출액이라도 원가 등을 궁리해 나가면 이익이 생긴다. 이익의 첫째 의미는 궁리의 결과라고 생각하기 바란다. 그리고 두 번째 의미는 '**고객만족**'의 결과다. 이익을 줄임으로써 가격을 낮추는 편이 고객의 만족도는 분명히 높다. 그러나 매출액이 늘어나면 보통은 이익도 증가한다. 여러분도 알듯이 비용에는 '고정비'와 '변동비'가 있으며, 매출액이 증가해도 고정비는 증가하지 않기 때문이다. 또 매출이 많을수록 변동비도 '볼륨 디스카운트' 등으로 절감이 가능해진다. 매출액은 고객만족도라고 생각할 수 있으므로, 매출액이 증가하면(=고객 만족도가 높아지면) 이익도 늘어난다고 할 수 있다.

다음으로 '수단'으로서의 이익이 있다. '**기업의 연명**', '**미래투자**', '**일하는 사람의 처우 개선**', '**주주환원**', '**사회 환원**(세금)'을 위한 밑천이 바로 이익이다. 이익이 없으면 이러한 것들이 불가능해진다. 그런 의미에서 생각하면 이익은 **회사와 일하는 사람, 사회 등이 더 좋아지기 위한 비용**이다. 이익 없이는 회사도, 일하는 사람도, 사회도 좋아지지 않는다. 그래서 나는 이익은 집념으로 내는 것이 아니라 신념으로 내는 것이라고 생각한다.

⑪ 증수·증익에도 함정이 있다

앞항에서 고정비와 변동비의 관계상 매출액이 증가하면 이익을 내기 쉬워진다고 말했는데, 여기에 대해서도 조금 설명을 덧붙이도록 하겠다.

'증수·증익'이라는 말을 들어 본 적이 있을 것이다. 증수(增收)는 매출액의 증가, 증익(增益)은 이익의 증가를 뜻한다. 그리고 보통은 증수율(매출액의 증가율)보다 증익률(이익의 증가율)이 더 높다. 이것은 비용에 고정비와 변동비가 있음을 이해하면 알 수 있다. 매출액이 증가해도 고정비는 늘어나지 않고 변동비만 증가할 뿐이므로 증익률이 더 높아지는 것이다.

만약 증수·증익이라도 증익률이 증수율보다 낮다면 설비투자를 해서 고정비가 증가했거나 자원 가격의 상승으로 변동비율이 높아졌거나 하는 이유로 전과는 비용 구조가 달라졌을 가능성이 있다고 생각할 수 있다.

여러분이 기업 경영자라면 증수·증익인데 증익률이 증수율보다 낮을 때는 그 이유를 분석해 은행 등에 설명하는 편이 좋을 것이다. 단순히 증수·증익이라고 좋아만 해서는 안 된다. 항상 비용 구조를 분석하는 것이 중요하다.

제4장

손익계산서로
수익성을 분석한다

. . . . .

응용

지금까지 공부한 지식을 활용해 최근의 기업 실적을 분석해 보도록 하자. 여러 가지 재미있는 사실을 알 수 있을 것이다. 실제 손익계산서를 분석하는 응용력을 높이기 바란다.

각종 구체적인 숫자가 나오는데, 도표 등에 나오는 숫자를 형광펜 등으로 표시하면서 읽기 바란다. 먼저 기초적인 회계의 개념을 이해한 다음 숫자를 스스로 분석할 수 있는 능력을 기르는 것이 중요하며 그것이 이 책의 목적이다.

시계열, 타사 비교, 세그먼트 분석 등 여러 가지 각도에서 구체적인 숫자를 살펴볼 것이다. 수박 겉핥기식으로 이해하고 넘어가지 말고 반드시 숫자를 추적하면서 이해하기 바란다. 그러면 '실천적' 인 실력이 몸에 밸 것이다.

■ 전체와 부분을 나누어 분석한다

2009년 3월기 결산에서는 참담한 결과를 낸 기업도 적지 않았다. 〈도요타 자동차〉 같이 전년도에는 호황의 절정을 구가하다가 갑자기 거액의 적자를 계상했으며 다음 기의 전망 또한 밝지 않은 기업도 많다. 그러나 이와 같은 상황 속에서 호조를 유지한 기업도 있었다. 먼저 그런 기업 중 하나인 〈유니참〉의 손익계산서와 '세그먼트 정보'를 사용해 사업별, 지역별 이익을 분석해 보도록 하자.

◐ 손익계산서를 분석한다

먼저 연결손익계산서를 살펴보자. **연결이므로 그룹 전체의 수익 상황이다.** 손익계산서를 볼 때는 매출액이 증가했는지를 제일 먼저 확인해야 한다. 도표를 보고 확인하면서 읽어 나가기 바란다**(도표4-1)**.

아시아 최고의 여성 위생용품 기업 〈유니참〉의 2008년 3월기 매출액은 3,368억 6,400만 엔이다. 한편 2009년 3월기의 매출액은 3,478억 4,900만 엔으로 3.3퍼센트가 증가했다. 매출액은 사회에서 그 기업의 존재가 얼마나 큰지를 나타내므로 그 증가가 중요하며, 특히 점유율의 증가는 그 업계에서 차지하는 지위를 높이고 가격과 마케팅 전략을 세우기 쉽도록 만들어 주는 이점이 있다. 또 도표에는 나오지 않았지만,

도표4-1 〈유니참〉의 연결손익계산서

(2008년도 제3사분기, 전년동기대비)

	2008년 3월기 (단위: 백만 엔)	구성비(%)	2009년 3월기 (단위: 백만 엔)	구성비(%)
매출액	336,864 ⟶		347,849	(3.3% 증수)
매출원가	196,130	58.2	206,209	59.3
매출총이익	140,734		141,640	
판매비와 일반관리비	107,002	31.8	106,756	30.7
영업이익	33,731 ⟶		34,883	(3.4% 증익)
영업외수익	2,021		1,843	
영업외비용	3,425		5,119	
수익지급이자	457		310	
매출 할인	1,574		1,886	
환차손	1,239		2,667	
기타	153		254	
경상이익	32,327 ⟶		31,607	
특별이익	398		26	
특별손실	832		4,178	
법인세 차감 전 순이익	31,893		27,456	
당기순이익	16,683 ⟶		17,127	(2.7% 최종 증익)

> 자원 가격 상승의 영향을 판관비 절감으로 대응

> 환차손 증가의 영향으로 경상이익 감소

주) 〈유니참〉의 2009년 3월기 결산 단신을 바탕으로 작성. 괄호 ( ) 안은 전년대비.

매출액이 3퍼센트 넘게 증가했음에도 대차대조표의 자산은 약 1퍼센트밖에 증가하지 않았기 때문에 자산 효율을 나타내는 '**자산회전율**(매출액÷자산)'도 향상되었다.

'**매출원가율**(매출원가÷매출액)'을 비교해 보면 전전기에 58.2퍼센트였던 것이 전기에는 59.3퍼센트로 1퍼센트가 조금 넘게 상승했다. 전반기에 발생한 세계적인 자원 가격 상승과 그에 따른 물가 상승 때문에 원가가 오른 것으로 생각된다(이유를 생각해 보는 것도 중요하다. 특수한 사정이 있을 때도 있기 때문이다). 그러나 매출액에 대한 판매비와 일반관리비의 비율('판관비율')을 보면 전전기에 31.8퍼센트였던 데 비해 전기에는 30.7퍼센트로 1퍼센트 가량 감소해 매출원가율의 상승을 상쇄시켰다. 효과적인 비용 조절에 성공했다고 할 수 있다. 덕분에 영업이익률은 전전기와 같은 10.0퍼센트를 유지할 수 있었으며, 앞에서 말한 바와 같이 매출액이 증가했기 때문에 그만큼 영업이익액도 증가했다.

경상이익은 영업외손실로 26억 6,700만 엔의 '환차손'을 계상함에 따라 전전기보다 조금 적은 316억 700만 엔이 되었다. 2008년 가을 이후 계속되고 있는 엔화 강세로 해외 자산의 평가손 등이 발생하면서 환차손을 입은 것으로 생각된다.

특별이익과 특별손실, 그리고 세금을 조정한 뒤의 당기순이익은 전전기의 166억 8,300만 엔보다 많은 171억 2,700만 엔을 계상했으며, 매출액에 대한 순이익률은 4.9퍼센트로 전전기와 거의 같은 이익률을 확보했다.

ⓘ '매출액－비용＝이익' 이 아니라 '매출액－이익＝비용' 이라는 생각

회계적으로는 '**매출액－비용＝이익**'이지만, 비용 절감을 잘하는 회사 중에는 '매출액－이익＝비용'이라는 개념을 도입한 곳도 많다. 내야 할 이익액을 먼저 정하고 그에 맞춰 비용을 사용한다는 생각이다. '**원가관리**'를 철저히 함으로써 이익을 확보하는 것이다. 가령 〈유니참〉은 매출원가율의 상승을 판관비율의 감소로 훌륭히 조정했다.

〈도요타 자동차〉도 원가관리가 철저한 회사로 유명하지만, 이번 세계 동시 불황에 따른 대폭적인 매출액 감소는 비용 조절로 흡수하지 못했다고 할 수 있다. 매출액이 예상 이상으로 추락했을 경우 비용 조절만으로는 이익을 확보하기 어렵다. 달리 말하면, 어느 정도 매출액을 확보하는 것이 단·중기적으로는 기업 경영의 대전제다.

🕚 세그먼트 정보를 보면 어떤 전략을 취해야 할지가 보인다

이번에는 〈유니참〉의 상황을 세그먼트별로 살펴보자. 결산 단신의 '**세그먼트 정보**'를 분석하면 된다.

〈유니참〉은 사업의 종류를 '퍼스널케어'와 '펫케어', '기타'로 분류한다. 퍼스널케어에는 베이비케어와 페미닌케어, 헬스케어가 포함되며, 펫케어에는 펫푸드와 펫배변용품이 포함된다. 또 기타에는 식품 포장재와 산업 자재, 파이낸스 업무가 있다고 한다(이것도 결산 단신에 기재되어 있다).

매출을 보면, 2009년 3월기에는 퍼스널케어가 전체의 83.9퍼센트, 펫케어가 12.8퍼센트를 차지했다. 전전기와 비교해 그다지 큰 차이는

〈유니참〉의 세그먼트 정보

(단위: 백만 엔)

사업별 세그먼트		퍼스널케어	펫케어	기타	합계
2008년 3월기	외부에 대한 매출액	285,325	40,224	11,314	336,863
	(비율)	84.7%	11.9%	3.4%	100.0%
	영업이익	27,574	5,138	905	33,617
	영업이익률	9.7%	12.8%	8.0%	10.0%
2009년 3월기	외부에 대한 매출액	291,714	44,582	11,552	347,848
	(비율)	**83.9%**	**12.8%**	3.3%	100.0%
	영업이익	27,507	6,581	714	34,802
	영업이익률	**9.4%**	**14.8%**	6.2%	10.0%

지역별 세그먼트		일본	아시아	유럽·중동	합계
2008년 3월기	외부에 대한 매출액	217,474	72,421	46,967	336,862
	(비율)	64.6%	21.5%	13.9%	100.0%
	영업이익	24,024	8,497	1,206	33,727
	영업이익률	11.0%	11.7%	2.6%	10.0%
2009년 3월기	외부에 대한 매출액	222,471	79,939	45,439	347,849
	(비율)	64.0%	**23.0%**	13.1%	100.0%
	영업이익	23,376	9,918	1,448	34,742
	영업이익률	**10.5%**	**12.4%**	**3.2%**	10.0%

출처) 〈유니참〉의 결산 단신을 가공. 반올림과 내부 소거 등으로 합계에 오차가 있음

없지만, 퍼스널케어의 비중이 1퍼센트 조금 못 되게 감소했으며 그만 큼 펫케어가 증가했다(도표4-2).

  그러나 영업이익률을 살펴보면 퍼스널케어가 전전기에 9.7퍼센트 였던 것이 전기에는 9.4퍼센트로 조금 감소했음을 알 수 있다. 한편 펫케어의 영업이익률은 전전기에 12.8퍼센트였던 것이 14.8퍼센트로 2퍼센트나 개선되었다. 즉 매출 비율이 떨어진 퍼스널케어는 이익률

이 약간 감소했지만, 매출액이 11퍼센트 가깝게 증가해 전체 매출액에서 차지하는 비율을 높인 펫케어는 이익률을 높인 것이다. 이에 따라 전체적인 영업이익률은 전기와 같은 수준을 유지했다.

펫케어의 이익률이 상승한 요인으로는 매출액의 상승을 생각할 수 있다. 제조업의 경우, **매출액이 상승해도 설비투자 등의 고정비 증가가 적으면 이익률은 개선되기 때문**이다(한편, 매출이 증가함에 따라 현재의 설비로는 감당할 수 없게 되어 대형 설비투자가 필요해지면 이익률이 일시적으로 떨어질 수 있다).

한편 〈유니참〉은 지역별 세그먼트 정보도 개시하고 있다. '일본'과 '아시아', '유럽·중동'의 세 지역으로 나눠 매출액과 영업이익 등을 개시한다(도표4-2의 아랫부분을 보기 바란다).

매출액의 비율을 보면 전기에는 일본이 64퍼센트, 아시아가 23퍼센트, 유럽·중동이 13.1퍼센트를 기록했다(반올림을 한 관계로 합계가 100퍼센트가 되지 않는다). 전전기에 비해 아시아의 비율이 높아졌다(전전기에는 일본이 64.6퍼센트, 아시아가 21.5퍼센트, 유럽·중동이 13.9퍼센트였다).

한편 영업이익률을 지역별로 보면, 일본이 전전기의 11.0퍼센트에서 전기에는 10.5퍼센트로 감소한 데 비해 아시아는 11.7퍼센트에서 12.4퍼센트로 개선되었다. 유럽·중동은 원래 낮았던 것이 약간 개선되었다. 매출액과 이익 모두 큰 비중을 차지하는 일본의 이익률이 조금 낮아진 가운데 매출액을 10퍼센트 증가시키며 전체에서 차지하는 비중을 높인 아시아가 이익률을 높임으로써 전체적인 이익률을 유지할 수 있었다고 할 수 있다.

〈유니참〉은 대차대조표상으로도 안정성이 높은 기업이다. 유이자부채도 은행과의 '친분 유지' 수준에 그칠 정도로 적다. 자기자본비율(순자산÷자산)도 66.7퍼센트로 매우 높다고 할 수 있다. 이렇게 자기자본비율이 높으면 주주자본의 조달비용(=주주의 기대 수익률: 유이자부채보다 높다고 생각된다)과의 관계상 높은 이익률을 내지 못하면 주가에 충분히 반영되지 않는 우량기업 나름의 '고민'도 생길 수 있다. 그러나 '자산이익률(ROA = 영업이익 ÷ 자산)'이 12.5퍼센트로 높은 수준이기 때문에 문제는 없을 것으로 생각된다.

어쨌든 〈유니참〉을 볼 때는 성숙된 일본 시장에서 펫케어 부문이 얼마나 성장할지, 또 아시아 시장에서 매출이 얼마나 증가할지가 주목의 대상이다.

① 전체, 평균치는 전략의 오판을 부른다

나는 경영 컨설턴트로서 **전체적인 성적이 좋거나 평균치가 좋다고 해서 반드시 그 회사에 문제가 없다고 장담할 수는 없다**는 점을 주의한다(이 명제의 역도 참으로, 전체나 평균치가 나쁘다고 해서 모든 것이 나쁘다고는 할 수 없다).

전체의 실적 또는 평균치가 좋을 때는 아무래도 세부적인 검토를 게을리 하기 쉽다. 그러나 그럴 때도 세그먼트별 상황을 철저히 분석해야 한다. A부문은 좋아도 B부문은 나쁠 때가 종종 있기 때문이다. A부문 내부에서도 문제가 있을 경우도 있다. 그리고 실적이 좋은 부문은 그 상황을 어떻게 유지 또는 더욱 발전시킬지를, 실적이 나쁜 부문은 개별적인 대응책을 생각해야 한다. 전체적인 실적이 좋다고 해서 실적이 나쁜 부문에 대한 대응을 소홀히 하면 장래에 커다란 골칫거리가 될 수 있다.

그럴 경우, 세그먼트 분석에서 매출원가율이나 영업이익률 같은 '비율'뿐만 아니라, 전략에 맞춘 절대액(그리고 전체에서 차지하는 비중)도 생각해야 한다. 현재의 상황으로 봤을 때 매우 중요한 부문의 실적이 하락한 것인지, 아니면 전략적으로 중요성이 낮고 앞으로 철수할 예정인 부문의 실적이 하락한 것인지에 따라 사람과 물자, 돈, 매니지먼트 같은 제한된 '자원'의 투입 방식이 달라지기 때문이다. 물론 지금은 규모가 작지만 장래에 큰 기대를 걸고 있는 부문이라면 전체에서 차지하는 위치가 보잘 것 없더라도 자원을 투입해 개선해야 한다.

'나무를 보고 숲을 보지 못하는' 것도 문제이지만, '숲만 보고 나무를 보지 못하는' 것도 경영이나 회사를 보는 판단력을 흐리게 하는 원인이 된다.

전체와 부분을 나누어 분석할 때의 포인트

· 손익계산서나 세그먼트 분석을 통해 전략과 장래성을 분석한다.

· 사업부문별 분석에서는 주력 사업의 성장 부진을 메워 주는 새로

운 부문의 동향에 주목한다.

· 지역별 분석에서는 국내 시상의 성장 부진을 보완해 줄 새로운 시

장의 개척, 그리고 그 시장의 이익률 등을 분석해야 한다.

② 동업 타사를 동시에 분석한다

비즈니스란 '시장에서 다른 회사와 경쟁하는 것'이다. 재무 분석을 할 때도 같은 업종의 두 회사를 비교해 보면 전략이나 실적의 차이 등이 보일 때가 있어 매우 흥미롭다.

여기에서는 일본 최대이자 세계 5위 규모의 유통회사 〈세븐&아이홀딩스(이하 세븐&아이)〉와 전국적으로 다양한 소매점을 거느린 유통회사 〈이온〉을 비교해 보도록 하자. 두 회사 모두 제3사분기(2008년 11월)까지의 연결 재무제표를 사용해 분석해 봤다(분기별 정보는 분석해 보면 매우 흥미롭다. 그리고 분기별 정보를 볼 때 주의할 점이 있는데, 제3사분기의 정보라고 해서 제3사분기만의 숫자는 아니다. 대차대조표는 분기말의 숫자이므로 제3사분기말이지만, 손익계산서는 분기초에서 제3사분기까지의 합계다. 분기 결산 정보를 볼 때 주의하도록 하자).

① 같은 업종의 두 회사를 비교하면 보이는 것

먼저 손익계산서의 분석부터 시작하자. 매출액을 보면 〈세븐&아이〉는 3조 9,047억 800만 엔으로 전년동기대비 1.2퍼센트 증가했으며, 〈이온〉은 3조 4,921억 4,800만 엔으로 2.9퍼센트 증가했다. 양쪽 모두 증가율에 차이는 있지만 매출이 성장했다(두 회사 모두 제1사

〈이온〉은 매출이 증가했지만 적극 투자의 부담이 이익을 압박했다
2008년 제3사분기 재무제표를 비교

●〈세븐&아이 홀딩스〉 　　　　　　　　　　　　　●〈이온〉　　　　　　(단위: 백만 엔, %)

과목	당기 3사분기 (08년 3월 1일~ 08년 11월 30일)		과목	당기 3사분기 (08년 2월 21일~ 08년 11월 20일)	
	금액	증감률		금액	증감률
[영업 수익]	[4,325,313]	[1.6]	[영업 수익]	[3,877,757]	[2.7]
I 매출액	3,904,708	1.2	I 매출액	3,492,148	2.9
II 매출원가	2,916,541	2.6	II 매출원가	2,505,393	↑ 3.4
매출총이익	988,167	-2.5	매출총이익	986,755	↑ 1.6
III 기타영업수입	420,604	5.5	III 기타영업수입	385,608	1.0
영업 총이익	1,408,772	-0.3	영업 총이익	1,372,363	1.4
IV 판매비와 일반관리비	1,190,495	-1.1	IV 판매비와 일반관리비	1,306,439	2.7
영업이익	218,276	↑ 4.4	영업이익	65,924	↑ -18.3
V 영업외수입	9,062	-19.9	V 영업외수입	21,277	↓ -12.2
영업외비용	10,471	-13.8	영업외비용	19,328	41.8
경상이익	216,867	4.1	경상이익	67,872	-25.6
VI 특별이익	3,088	-79.6	VI 특별이익	17,550	-23.1
VII 특별손실	21,833	-19.1	VII 특별손실	65,411	86.2
사분기(당기) 순이익	101,667	↓ -0.6	사분기(당기) 순이익	-29,445	↑ -
① 매출원가율	74.7	1.0	① 매출원가율	71.7	0.3
② 판관비율	27.5	-0.7	② 판관비율	33.7	0

주) 각사의 2008년도 제3사분기 결산 단신을 바탕으로 작성. 증감은 전년동기대비.

분기부터 제3사분기까지의 숫자다). 두 회사를 비교할 때는 〈이온〉이 더 매출을 신장시켰음을 알 수 있다. 이것은 뒤에서 설명할 것이지만 〈이온〉이 적극적으로 경영책을 전개한 효과다(도표4-3).

한편 매출원가를 살펴보면 〈세븐&아이〉는 2.6퍼센트가 증가했고, 〈이온〉은 3.4퍼센트가 증가했다. 매출원가율을 계산하면 〈세븐&아이〉는 전년도 제3사분기의 73.7퍼센트에서 74.7퍼센트로 1퍼센트 증가했으며, 〈이온〉은 71.4퍼센트에서 71.7퍼센트로 0.3퍼센트 증가했다(트렌드를 분석하는 것도 중요하다).

〈세븐&아이〉와 〈이온〉은 사업 구조가 조금 다르지만, 어쨌든 양사 모두 원가가 조금씩이지만 증가했으며 〈세븐&아이〉의 증가율이 더 높다. 그 때문에 〈세븐&아이〉는 매출총이익이 전년도 제3사분기에 비해 2.5퍼센트 감소한 한편, 〈이온〉은 1.6퍼센트 증가했다. 본업 이외의 수입을 더한 영업 총이익도 〈이온〉이 전년동기대비 플러스를 기록한 데 비해 〈세븐&아이〉는 약간이기는 하지만 마이너스가 되었다.

그러나 영업이익까지 살펴보면 상황이 조금 다르다. 영업이익은 〈세븐&아이〉가 2,182억 7,600만 엔으로 전년도 제3사분기에 비해 4.4퍼센트 증가한데 비해 이온은 659억 2,400만 엔으로 18.3퍼센트의 마이너스를 기록했다. 이것은 〈세븐&아이〉의 판관비가 1.1퍼센트 감소한 데 비해 〈이온〉은 2.7퍼센트 증가한 것이 원인이다. 〈세븐&아이〉는 판관비를 잘 조절한 듯하다(앞장과도 관련이 있는 이야기지만, 세븐&아이는 매출원가율의 상승을 판관비율의 감소로 보완). 그 밖의 영업수입을 포함한 영업이익에 대한 판관비율을 계산해도 〈세븐&아이〉는 27.5퍼센트인 데 비해 〈이온〉은 33.7퍼센트로 판관비율이 크게 다르다. 이것이 영업이익의 차이를 크게 했다.

게다가 제3사분기까지의 당기순이익은 〈세븐&아이〉가 1,016억 6,700만 엔의 이익을 낸 반면에 〈이온〉은 294억 4,500만 엔의 적자를 기록했다. 이것은 특별손실을 약 654억 엔 계상한 것이 커다란 원인이다. 〈이온〉의 결산 단신에 따르면 이 특별손실은 **감손손실**, 폐점손실 할당금 지급액의 계상과 함께 〈이온〉의 미국 의류소매점인 〈탤봇〉 관련, 세효과회계 처리변경의 영향이라고 한다.

ⓘ 특별이익, 특별손실의 내용에도 주목하자

기업을 분석할 때는 특별이익, 특별손실의 내용도 음미해 보는 것이 중요하다. 특별이익과 특별손실은 '통상적'이 아닌 일과성 이익 또는 손실이다.

특별이익을 볼 때는 '경상이익의 적자'를 특별이익으로 덮은 것이 아닌지 확인하기 바란다. 본업의 부진을 부동산 등의 매각 수익 등으로 메우려고 했을 경우, 본업의 부진이 일시적인지 장기적인지 판단해야 한다.

특별손실은 회계 제도 등의 변경에 따라 일과성 손실이 날 때가 있는데, 그 외에도 〈이온〉이 계상한 것과 같은 감손손실 등이 있다. 감손손실을 계상하는 기업은 적지 않다. 이는 앞에서도 설명했듯이 이는 보유하고 있는 설비나 부동산 등이 원래 상정되었던 이익을 낳지 못했음을 의미한다. 실제 가치금액으로 자산의 장부가격을 떨어트린 것인데, 앞으로 그 자산의 수익력이 높아질지 아니면 더 떨어질지에 주목할 필요가 있다.

⑪ 자산 내용과 현금흐름에도 주목하자

　　대차대조표를 봐도 양사의 전략 차이를 잘 알 수 있다. 〈이온〉은 전년도 제3사분기에 비해 총자산을 약 1,366억 엔 증가시켰다. 이 증가액의 상당 부분은 '건물과 건축물'(884억 엔)과 '토지'(182억 엔), 건설 중인 건물 등의 '건설 가계정'(344억 엔)이 차지했다. 한편 〈세븐&아이〉는 총자산의 증가액이 약 203억 엔으로, 그 내역을 보면 유동자산이 1,353억 엔 증가한 데 비해 고정자산은 1,148억 엔이 감소했다. 특히 토지나 건물 등의 '유형고정자산'은 513억 엔이 감소했다. 〈이온〉과는 대조적이다. 여기에서 〈이온〉은 지금까지 1년 동안 확대 노선을 지속해 왔음을 알 수 있다. 한편 〈세븐&아이〉는 확대에 신중했다고 할 수 있다.

　이러한 경향은 현금흐름계산서에서도 읽을 수 있다. 〈이온〉은 같은 기간의 감가상각비가 1,041억 엔인 데 비해 주로 설비투자로 보이는 순액에서의 유형고정자산의 증가액은 2,457억 엔이나 되었다. 한편 〈세븐&아이〉는 감가상각비가 이온과 거의 같은 수준인 1,057억 엔인 데 비해 유형고정자산 취득은 〈이온〉의 약 3분의 1 수준인 854억 엔에 불과했다. 감가상각비(고정자산 가치의 감소분)와 유형고정자산의 순액에서의 증가액(설비투자 등)을 비교하면 그 회사의 투자 자세를 알 수 있을 때가 있다. 이에 관해서는 제5장의 현금흐름계산서 분석에서 다시 한 번 자세히 설명하도록 하겠다.

도표 4-4 〈세븐&아이〉와 〈이온〉의 자산 내용 비교

(2008년도 제3사분기, 전년동기대비)

	세븐&아이	이온
자산증가액	203억 엔	1,366억 엔
감가상각비	1,057	1,041
유형고정자산증가액	854	2,457

주) 자산 증가액은 대차대조표에서. 감가상각비와 유형고정자산 증가액은 현금흐름계산서에서.

〈이온〉의 결산 단신을 보면 "당기는 지분법 관련회사를 포함해 종합슈퍼(GMS) 10점포, 슈퍼마켓(SM) 65점포, 슈퍼센터 4점포를 출점함과 동시에, 시설 노후 등으로 향후 수익 회복의 전망이 보이지 않는 GMS 11점포와 SM 34점포를 폐점하는 등 폐기&건설을 진행했다."라고 나와 있다. 현금흐름계산서의·재무현금흐름을 보면 이 적극적인 경영책을 위해 차입금을 약 2,330억 엔 증가시켜 설비투자에 사용했음을 알 수 있다(이에 대해서도 제5장에서 다시 한 번 설명할 것이다). 한편 〈세븐&아이〉는 재무상으로 그다지 눈에 띄는 움직임은 보이지 않았다.

그 결과 중장기적인 재무 안정성을 나타내는 '**자기자본비율**(순자산÷자산)'은 〈이온〉이 28.7퍼센트인데 비해 〈세븐&아이〉는 48.5퍼센트로 큰 차이가 생겼다. 물론 〈이온〉의 자기자본비율은 현재로서는 문제가 없는 수준이지만, 지금 같은 경기 후퇴기에 자금 조달을 위해 〈미쓰비시상사〉로부터 증자를 받는 등의 적극적인 전략을 채택한 것이 앞으로 〈이온〉의 수익에 어떤 영향을 끼칠지 주목된다.

ⓘ 숫자로 기업의 전략을 읽는다

　　재무제표 분석을 할 때 안전성과 수익성, 장래성을 읽는다는 이야기를 앞에서 한 바 있는데, 숫자를 자세히 분석하면 각 기업의 전략이 보일 때도 많다. 이는 숫자로 전략을 분석할 수 있는 수준이 되어야 할 필요도 있다는 뜻이다. 처음에는 결산 단신 등에서 발표된 정보를 참고하는 것을 추천한다. 결산 단신에는 기업의 전략 등이 문서 정보로 개시되어 있다. 이것을 참고하며 대차대조표와 손익계산서, 현금흐름계산서의 숫자와 전략을 비교해 나가면 숫자와 전략의 관계성이 보일 때가 많다.

동업 타사를 동시에 분석할 때의 포인트

· 경쟁하는 두 회사를 비교하면 전략이나 특징을 파악할 수 있다.

· 시계열 분석으로 트렌드를 읽는다.

· 대차대조표, 현금흐름계산서 등의 숫자로부터 전략을 읽을 수 있다.

---

③ 세그먼트 정보를 자세히 분석한다

여기에서는 〈세븐&아이〉와 〈이온〉의 '세그먼트 정보'를 더욱 자세히 분석해 보도록 하자. 세그먼트 정보란 결산 단신 등에서 사업의 부문별 자세한 정보를 개시한 것이다. 실적이나 전략 분석을 할 때 흥미로운 정보가 많이 담겨 있다.

🚺 〈세븐&아이〉의 세그먼트 정보에서는 무엇이 보이는가?

먼저 〈세븐&아이〉의 세그먼트 정보부터 살펴보자. 〈세븐&아이〉는 사업을 '편의점 사업'과 '슈퍼·스토어 사업', '백화점 사업', '푸드서비스 사업', '금융관련 사업', '기타 사업'으로 분류해 실적을 관리하고 있다. 세그먼트 정보의 사업 분류는 각사의 전략을 바탕으로 분류된다(도표4-5).

도표에는 각 사업의 매출액과 영업이익, 전년동기와 비교한 성장률이 나와 있다. 매출액을 보면, 가장 높은 성장률을 보인 부문은 금융관련 사업이다. 세븐일레븐 등에 설치된 현금인출기(ATM)의 증가와 거래 건수 증가가 매출액의 증가에 기여했다. 또 전자화폐 'nanaco'의 발매 매수도 증가했다고 한다.

편의점 사업과 슈퍼·스토어 사업은 매출이 증가하였으나, 증가율은

도표 4-5 주력 사업의 채산 저하를 보완하는 세그먼트의 수익성 차이
– 2008년 3월~2008년 11월

⟨세븐&아이 홀딩스⟩

세그먼트	금액(백만 엔)	전년동기대비(%)
매출액		
편의점 사업	1,841,201	1.3% 증가
슈퍼·스토어 사업	1,583,938	3.5% 증가
백화점 사업	731,394	**1.6% 감소**
푸드서비스 사업	78,726	**8.4% 감소**
금융관련 사업	94,263	6.9% 증가
기타 사업	25,767	2.6% 증가
계	4,355,291	1.5% 증가
소거 또는 전사(全社)	▲29,977	–
합계	4,325,313	1.6% 증가
영업이익		
편의점 사업	167,271	5.4% 증가
슈퍼·스토어 사업	19,941	**10.0% 감소**
백화점 사업	9,680	**27.5% 감소**
푸드서비스 사업	▲1,963	–
금융관련 사업	21,107	35.5% 증가
기타 사업	1,638	**2.1% 감소**
계	217,676	4.5% 증가
소거 또는 전사(全社)	599	–
합계	218,276	4.4% 증가

여기에
주목!

주) 2009년 2월기 제3사분기 결산 단신을 바탕으로 가공 작성.

전년동기에 비해 크게 저하되었다. 2007년도의 증가율은 각각 6.1퍼센트와 14.0퍼센트였으니, 증가율이 큰 폭으로 하락했다(도표4-5의 숫자와 비교해 보기 바란다).

백화점 사업, 푸드서비스 사업은 매출이 하락했다. 그중에서도 레스토랑 사업을 중심으로 하는 푸드서비스 사업은 수익이 큰 폭으로 감소했다.

그런데 영업이익을 보면 다른 측면이 보인다. 먼저 금융관련 사업은 매출액의 성장률도 높았는데, 영업이익의 성장률도 35.5퍼센트로 크게 증가했다. 이것은 앞에서도 잠시 언급했지만 현금인출기의 거래 건수 증가가 큰 요인으로 추측된다. 기존에 설치되었던 현금 인출기의 가동률이 상승하면 고정비는 늘지 않으면서 매출액만이 증가하기 때문에 이익이 비약적으로 향상된다. **장치 산업에서 자주 볼 수 있는 현상으로, 설비투자가 일단락된 시점부터 이익이 크게 향상**된다. 편의점 현금 인출기는 편리성이 높기 때문에 앞으로도 높은 이익이 기대된다. 매출액이익률도 20퍼센트가 넘는 고수익 사업으로 성장하고 있다.

한편 슈퍼·스토어 사업과 백화점 사업은 고전을 면치 못하고 있다. 슈퍼·스토어 사업의 경우 매출액은 증가했지만 이익은 10퍼센트 감소했다. 또 백화점 사업은 30퍼센트에 가깝게 이익이 감소했다. 경기후퇴의 영향이 크게 나타나기 시작했다고 할 수 있다. 한편 편의점 사업은 비교적 건실한 추이를 보이고 있다. 〈세븐&아이〉는 전년동기와 비교해 매출액도 이익도 올랐지만, 금융관련 사업 외에 기존 사업은 고전을 면치 못하고 있어 수익 구조가 조금씩 변화하고 있음을 알 수 있다.

ⓘ 〈이온〉의 세그먼트 정보에서는 무엇이 보이는가?

이번에는 〈이온〉의 세그먼트 정보를 살펴보자. 〈이온〉은 세그먼트를 '종합소매'와 '전문점', '디벨로퍼', '서비스' 등으로 분류한다. 종합소매에는 종합소매점(GMS)이라고 부르는 대형쇼핑센터와 슈퍼마켓, 편의점 등이 포함된다. 매출액의 대부분이 이 사업에서 나오며, 〈이온〉과 〈마이칼〉, 〈맥스밸류〉, 〈미니스톱〉 등의 브랜드가 포함된다 (도표4-6).

한편 디벨로퍼 사업은 상업시설의 개발·임대다. 표의 영업이익률을 보면 이 사업이 이익적으로 크게 공헌했음을 알 수 있을 것이다. 서비스 등에는 금융, 외식 등이 포함된다. 이쪽도 이익에 크게 공헌했다. 이것을 보면 〈이온〉과 〈세븐&아이〉는 백화점을 제외하고는 하는 사업이 거의 비슷하지만 매출의 구성과 이익에 대한 공헌도, 이익의 절대액은 상당히 다름을 알 수 있다.

각 사업 세그먼트의 세부 내용을 살펴보자. 매출액을 보면 〈이온〉은 전문점 사업 이외에는 매출액이 증가했다. 앞항에서도 설명했듯이 〈이온〉의 전년동기대비 증수율은 〈세븐&아이〉를 능가했다. 이렇듯 매

도표 4-6 주력 사업의 채산 저하를 보완하는 세그먼트의 수익성의 차이
- 2008년 2월 21일 ~ 11월 20일

〈이온〉

세그먼트	금액(백만 엔)	전년동기대비(%)
매출액		
종합 소매	3,113,585	3.1% 증가
전문점	454,349	**2.9% 감소**
디벨로퍼	113,107	12.0% 증가
서비스 등	677,953	25.5% 증가
계	4,358,995	5.6% 증가
소거 또는 전사(全社)	▲481,238	–
연결	3,877,757	2.7% 증가
영업이익		
종합 소매	11,094	**36% 감소**
전문점	▲6,566	–
디벨로퍼	25,506 〔여기에 주목!〕	3.7% 증가
서비스 등	37,298	4.3% 감소
계	67,333	**16.7% 감소**
소거 또는 전사(全社)	▲1,409	–
연결	65,924	**18.3% 감소**

주) 2009년 2월기 제3사분기 결산 단신을 바탕으로 가공 작성.

출액은 순조롭지만, 영업이익을 들여다보면 조금 내용이 다르다. 디벨로퍼 사업에서 증익을 달성했지만 다른 사업은 이익액이 감소했다. 특히 전문점 사업은 65억 엔이 넘는 적자를 계상했다. 미국 〈탤봇〉 사업의 영향이 큰 듯하다.

〈세븐&아이〉와 비교하면 소매업에서의 이익률과 이익액, 특히 편

의점 사업의 차이가 크다. 또 〈세븐&아이〉는 백화점 사업에서 고전하고 있지만 〈이온〉은 전문점 사업이 고전을 면치 못하고 있음을 알 수 있다. 양사 모두 매출액에서는 소매업의 비율이 높지만 이익적인 측면에서는 금융이나 그 밖의 사업에 많이 의지하고 있는 것도 특징이다.

🎵 손익계산서로 '사업 포트폴리오'를 해석한다

여러 종류의 사업을 조합하는 것을 '**사업 포트폴리오**'라고 하는데, 수익 구조나 이익의 편차치가 다른 사업을 조합함으로써 사업의 안정성을 높일 수 있다. 다만 원래 가진 강점이나 시너지(상승효과)를 활용한 사업을 하지 않으면 반대로 수익이 하락할 수도 있다. 1980년대부터 1990년대에 걸쳐 철강업이 레저 시설이나 뱀장어 양식 등 새로운 분야에 잇달아 진출했지만 대부분이 실패로 돌아갔던 사례를 기억하는 사람도 많을 것이다.

〈세븐&아이〉의 포트폴리오에서는 금융관련 사업이 성장하기 시작했음을 알 수 있다. 기존의 슈퍼마켓과 편의점 안에 설치했던 ATM 사업 등이 기존 사업과는 다른 이익률을 낳기 시작했다. 금융 사업은 일단 안정이 되면 다른 사업보다 비교적 꾸준한 수익을 낳을 수 있으며 또 수익률도 높은 경향이 있다. 전자제품 제조사인 〈소니〉가 〈소니생명〉이라는 보험사를 보유한 이유도 제조업에서 나타나기 쉬운 경기 변동에 따른 수익의 편차를 줄이기 위해서였다고 한다.

〈이온〉의 세그먼트 정보를 분석하면 이익의 측면에서 디벨로퍼 사업과 서비스 등에 대한 의존도가 높음을 알 수 있을 것이다.

세그먼트 정보를 자세히 분석할 때의 포인트

· 세그먼트별 이익률과 자사 내부에서 차지하는 매출액의 비중을 분석한다.

· 세그먼트별로 시기에 따른 트렌드를 분석한다.

· 사업 포트폴리오와 장래 전략을 분석한다.

❹ 실적 예상과 실제 결과를 비교한다

다음으로 분기별 결산 정보와 전체 결산 정보를 사용해 예상과 실적을 비교함으로써 예상이 얼마나 정확했는지 검증해 보자. 전반부에서는 제3사분기 결산의 정보를 바탕으로 예상을 해 보고, 후반부에서는 전체 결산 결과를 바탕으로 실적을 검증해 보도록 하겠다.

❶ 제조업의 대폭적인 감산에 따른 수익 하락

일본 철강업 1위인 〈신일본제철〉의 제3사분기 결산 정보를 분석해 보자.

서브프라임 위기 이후 시작된 세계 동시 불황으로 경기가 크게 악화되자 가장 큰 영향을 받은 업계는 제조업이다. 그중에서도 철강업은 특히 그 영향이 컸다. 〈신일본제철〉은 재작년도(2008년 3월기)까지는 국내외의 경기 확대 등의 영향으로 매우 좋은 실적을 기록했다. 2008년 3월기의 매출액이 연결로 4조 8,269억 엔이었고 영업이익은 5,455억 엔이었다. 원재료 가격이 상승한 탓에 매출원가는 상승했지만, 도표 4-7의 상반기 실적을 보면 알 수 있듯이 매출액과 이익 모두 작년도와 그다지 차이가 없는 실적 추이를 보였다(도표4-7).

재작년도에 〈신일본제철〉의 조강(가공 전의 강철) 생산량은 연결 기준

2008년 이후의 수요 급감이 2009년 1~3월 실적을 강타하다

〈신일본제철〉의 손익 전망 (연결)

(단위: 억 엔)

	2009년 3월기 통기 전망				2008년 3월기 통기	
	통기 전망	상반기 실적	08년 10~12 월기	09년 1~3월기 전망		08년 1~3월기 실적
매출액	47,500	26,021	12,280 → 9,199		48,269	13,207
영업이익	3,600	2,484	1,480 → ▲364		5,455	1,374
경상이익	3,600	2,622	1,481	▲504	5,641	1,294
(단독 경상이익)	2,300	1,621	964	▲285	3,531	843
특별손익	▲500	103	▲568	▲35	413	207
당기이익	1,750	1,616	504	▲371	3,549	919
〈한 주당 당기 이익〉	27.8	25.7	8	▲5.9	56.3	14.6

손익 전망의 전제가 되는 〈신일본제철〉의 생산량과 가격

단독 조강 생산량(만 톤)	2,890정도	1,657	737	500정도	3,311	853
(연결 기반)	(3,150정도)	(1,823)	(797)	(530정도)	(3,623)	(936)
강재 출하량(만 톤)	2,840정도	1,637	712	490정도	3,290	863
강재 가격(천 엔/톤)	104정도	100.2	112.4	105정도	79.8	80.2

주) 〈신일본제철〉 발표 2009년 3월기 제3사분기 결산 발표시(09년 1월 29일)의 추가자료를 바탕으로 작성.

으로 3,623만 톤이었는데, 일본 전체의 조강 생산량은 1억 2,151만 톤
이었다. 일본 전체의 30퍼센트에 이르는 조강을 생산한 것이다.

철강업 전체의 손익분기점이 1억 톤 전후라고 평가되는 가운데, 업
계 전체로는 손익분기점을 20퍼센트 이상 웃돌았다. 불황에 신음하던
1999년도의 조강 생산량 9,800만 톤에 비하면 매우 높은 수준이라고
할 수 있을 것이다. 그 덕분에 2008년 3월기에 〈신일본제철〉은 5,000
억 엔이 넘는 영업이익을 벌어들일 수가 있었다.

철강업 같은 장치산업은 설비투자액이 큰 것이 특징이다. 그래서 설

비의 감가상각비 같은 고정비(그것도 '**코미티드 코스트**(Committed cost)'라고 부르는, 일단 투자하면 그 상각액을 그 후 장기적으로 바꿀 수 없는 고정비)가 크기 때문에 손익분기점을 넘으면 큰 이익이 나오지만 손익분기점을 밑돌면 거액의 손실을 입는 경향이 있다. 전년도(2009년 3월기)도 2008년 10월까지는 일본 전체에서 월간 생산량 1,000만 톤이 넘는 수준을 유지해, 원재료 가격 상승의 영향은 있었지만 업계 전체로는 비교적 좋은 상황이었다. 그러나 11월부터는 양상이 크게 달라졌다. 11월의 전체 조강 생산량은 882만 톤, 12월에는 749만 톤, 2009년 1월에는 638만 톤으로 급감한 것이다. 1월의 생산량은 전년대비 마이너스 37.8퍼센트라는 매우 낮은 수준이었다.

그리고 업계 전체의 침체는 당연히 리더격 회사인 〈신일본제철〉의 실적에도 커다란 영향을 끼쳤다. 도표의 감익 전망에서 알 수 있듯이 제3사분기의 실적은 그다지 크게 하락하지 않았지만, 〈신일본제철〉이 발표한 실적 예상에 따르면 제4사분기의 매출액은 전년동기의 1조 3,207억 엔에서 9,199억 엔으로 전년동기대비 30.3퍼센트나 감소했다. 영업이익은 전년동기에 1,374억 엔의 흑자였던 것에 반해 364억 엔의 적자를 예상했다. 그중에서도 주력인 제철사업의 적자는 401억 엔이나 되었다(〈신일본제철〉은 제철사업 외에 엔지니어링, 도시개발, 화학 등의 사업을 한다). 주력인 제철업의 영업이익이 상반기(4~9월)에 2,296억 엔, 제3사분기에 1,455억 엔이었던 것을 생각하면 제4사분기의 실적 하락폭이 얼마나 큰 지 알 수 있다.

〈신일본제철〉의 예상에 따르면 제4사분기의 조강 생산량은 연결 기준으로 540만 톤으로서, 전년동기의 936만 톤에 비해 43.4퍼센트 감소할 것으로 보인다. 이것은 앞에서 설명한 1월의 업계 전체 감소율인 37.8퍼센트보다 감소율이 더 클 것으로 예상된다는 뜻이다.

❶ 예상과 실제 비교

그러면 앞항의 제4사분기 예상과 실제 결산을 비교해 보자. 도표4-8은 〈신일본제철〉의 2009년 3월기 결산과 상반기, 제3사분기, 제4사분기 실적을 통기 결산과 제2사분기, 제3사분기의 결산서를 바탕으로 작성한 것이다. 제3사분기까지는 실적이 호조였지만 제4사분기에 급격히 악화되었음을 알 수 있을 것이다. 그 무렵부터 세계적인 경기 후퇴의 영향을 크게 받기 시작했다.

먼저 손익계산서를 통해 전체 실적을 살펴보자. 2009년 3월기의 매출액은 약 4조 7,700억 엔이다. 이것은 2008년 3월기의 약 4조 8,300억 엔에 비해 1.2퍼센트밖에 감소하지 않았다. 그러나 5,455억 엔이었던 영업이익은 3,429억 엔으로 37.1퍼센트나 감소했다. 대폭적인 원자재 가격 상승과 함께 후반기, 특히 제4사분기의 매출액 저하가 큰 영향을 끼쳤다.

구체적으로 살펴보자. 먼저 매출액은 약 4조 7,000억 엔의 매출을

〈신일본제철〉의 2009년 3월기는 제4사분기에 채산이 급격히 악화되었다

(단위: 억 엔)

	2009년 3월기	구성 비율	상반기	구성 비율	하반기	구성 비율
매출액	47,698		26,021		21,676	
매출원가	41,057	86.1%	21,822	83.9%	19,235	88.7%
매출총이익	6,640	13.9%	4,199	16.1%	2,441	11.3%
판관비	3,211	6.7%	1,715	6.6%	1,496	6.9%
영업이익	3,429	7.2%	2,484	9.5%	945	4.4%
영업외수익	1,080		724		355	
영업외비용	1,148		586		561	
경상이익	3,361	7.0%	2,622	10.1%	739	3.4%

하반기를 분기별로 분석하면

	제3사분기	구성 비율	제4사분기	구성 비율
매출액	12,280		9,396	
매출원가	10,014	81.5%	9,220	98.1%
매출총이익	2,266	18.5%	175	1.9%
판관비	785	6.4%	710	7.6%
영업이익	1,480	12.1%	▲535	▲5.7%
영업외수익	205		150	
영업외비용	204		357	
경상이익	1,481	12.1%	▲742	▲7.9%

매출액이 급감, 제3사분기 대비 23.5% 저하

원가율이 급상승

매출총이익률이 급저하

판관비를 압축하지만……

사반기 사이에 영업적자로

주) 〈신일본제철〉의 2009년 3월기 결산 단신 등으로 작성, 억 엔 이하는 생략.

계상했는데, 상반기가 2조 6,000억 엔, 하반기가 2조 1,700억 엔으로 하반기에 매출액이 하락했음을 알 수 있다. 그러나 좀 더 자세히 살펴보면 같은 하반기라도 제3사분기의 매출액은 1조 2,280억 엔인 데 비해 제4사분기에는 9,396억 엔으로 23.5퍼센트나 크게 하락했다(신일본제철이 발표한 제4사분기 예상 매출액인 9,199억 엔과 거의 일치한다. **예상과의 괴리율**은 플러스 2.1퍼센트다).

⑪ 제조업은 매출액이 대폭 하락하면 원가율은 상승한다

그 때문에 매출원가는 제3사분기에 약 1조 엔이던 것이 9,200억 엔으로 절댓값은 당연히 하락했지만 원가율은 81.5퍼센트에서 98.1퍼센트로 뛰어올랐으며, 그 결과 매출총이익률이 1.9퍼센트까지 크게 하락했다.

제조한 것(제조원가)이나 매입한 것 중 판매된 것만이 매출원가가 된다(기억하고 있는가? 이것은 중요한 포인트였다). 그리고 고정비는 단기간에 큰 폭으로는 떨어지지 않기 때문에, 생산량의 하락 등으로 제품 한 개당 원가가 상승하고 그에 따라 원가율이 높아진 것으로 생각할 수 있다. 공장의 감가상각비 등은 공장을 신설 또는 폐기라도 하지 않는 한 매년 그다지 크게 달라지지 않는다. 그러므로 생산량이 떨어지면 단위당 비용은 아무래도 상승하게 된다. 물론 원재료 가격의 상승 등도 반영이 되지만, 원재료 가격의 상승이 제4사분기에만 특별히 더 큰 영향을 끼치지는 않았을 것이다.

(이러한 점에서 생각하면 대차대조표에 있는 '재고자산'이 2008년 3월말의 약 8,670억 엔에서 2009년 3월말에 1조 220억 엔으로 약 1,500억 엔 증가한 것이 조금 마음에 걸린다. 사실 신일본제철의 규모로 보면 그다지 걱정할 액수는 아니며, 비싼 재료가 그대로 재고가 된 것인지, 아니면 비싼 재료를 사용한 제품이 재고가 된 것인지, 단위당 고정비 부담 때문에 증가한 것인지는 알 수 없다. 그러나 어쨌든 **매출액이 떨어졌을 때의 재고증가에는 주의해야 한다.**)

손익의 내용을 좀 더 살펴보자(도표4-8을 보면서 읽기 바란다). 매출총이익이 제4사분기에 약 175억 엔으로 3분기의 10분의 1 이하로 격감했지만, 판관비는 710억 엔으로 제3사분기의 약 785억 엔에 비해 절감되었다. 그래도 고정비를 충분히 삭감하지 못했던 것인지, 매출총이익에서 판관비를 뺀 영업이익은 제4사분기에 535억 엔의 적자를 계상했다(앞에서 살펴본 예상에서는 364억 엔의 적자였다. 즉 예상보다 악화되었다). 또 제3사분기의 실적은 1,480억 엔의 흑자를 기록했다. 제3사분기 결산 발표시의 예상과 비교했을 때 매출 예상은 거의 정확했음에도 이익 예상에 차이가 생겼다는 것은 어떠한 이유로 비용을 예정만큼 줄이지 못했다는 의미일 것이다.

경상이익도 제3사분기에는 흑자였지만 제4사분기에는 큰 폭의 적자를 기록했다.

사소한 내용이기는 하지만 경상이익과 관련해 또 한 가지 주의해야 할 점이 있다. 기초편에서도 설명했듯이 경상이익을 계산할 때는 영업이익에서 영업외수익과 영업외비용을 조정하는데, 영업외수익에는 **'지분법에 따른 투자이익'**이라는 것이 포함된다. 이 지분법 투자이익은 앞에서도 설명했듯이 주로 50퍼센트 이하의 주식(의결권)을 보유한 '관련회사'의 수익으로 관련회사의 순이익에 그 지분을 곱한 금액을 자사의 이익으로 삼는다. 〈신일본제철〉의 관련회사 이익도 제3사분기에 178억 엔이었던 것이 제4사분기에는 64억 엔으로 3분의 1 정도까지 감소했다. 모회사는 적자라도 관련회사가 분투했을 수 있지만, 관련회사도 수익이 크게 악화되었음은 틀림이 없다.

　어쨌든 제4사분기는 그 전과 비교해 실적이 크게 달랐다.

　이번에는 〈신일본제철〉이 2009년 3월기 결산과 동시에 발표한 2010년 3월기의 실적 예산을 살펴보기로 하자. 결산 단신에는 "경기 회복 전망이 불투명하며 판매 가격과 원재료 가격이 현재 교섭 중이이므로 감정치"라는 '주석'이 달려 있지만, 매출액은 3조 5,000억 엔으로 전기(2009년 3월기)대비 26.6퍼센트의 마이너스, 영업이익은 제로로 100퍼센트의 마이너스를 예상했다. 신일본제철은 세계적인 원재료비 하락에 따라 철광석과 원료탄 가격의 대폭적인 인하 교섭을 해 왔다 (신문 발표에 따르면 가루 철광석은 전년대비 33퍼센트, 덩어리 철광석은 전년대비 44퍼센트, 원료탄은 약 60퍼센트 인하하는 데 성공해 강재 1톤당 1만 5,000엔 정도의 비용 절감을 이루었다고 한다. 〈니혼게이자이 신문(조간)〉 2009년 5월 27일자).

매출 감소가 어느 정도일지, 그리고 원재료비 이외의 경비 절감이 어느 정도가 될지 미리 판단하기란 어렵지만, 2008년 제4사분기의 수준에서 얼마나 개선이 가능할지 주목된다.

ⓘ 실적 예측을 검증한다

앞으로의 실적 예상에 대해서는 불확정 요소가 몇 가지 있다. 하나는 지금까지 살펴봤듯이 수요 격감에 따른 매출액의 침체다. 이러한 침체가 1년 정도 계속된다면 그것만으로도 커다란 매출 감소 요인이 된다.

만약 제4사분기와 같이 앞으로도 사분기에 530만 톤 전후의 페이스가 계속된다면 금년도에 비해 연간 약 1,000만 톤의 생산이 감소하게 된다. 그러면 금년도의 1톤당 단가가 10만 4,000엔이었으므로 이에 따른 수익 감소액은 약 1조 400억 엔이 된다.

게다가 수요 감퇴는 가격 하락을 불러올 가능성이 있기 때문에 가격 하락에 따른 매출액 감소도 우려된다. 10만 4,000엔이던 가격이 어디까지 하락할지가 포인트다. 만약 가격이 재작년 제4사분기 수준인 8만 엔까지 떨어진다면, 연간 약 2,120만 톤×2만 4,000엔＝5,088억 엔 정도의 매출액이 줄어들 것이다(자동차용 강재는 톤당 1만 5,000엔 정도 가격 인하가 결정되었다. 1만 5,000엔을 인하하면 3,180억 엔의 수익이 감소한다).

생산량 감소와 단가 하락이 동시에 일어나면 약 1조 5,000억 엔이나 되는 매출 감소로 이어질 가능성이 있다(생산량이 예정보다 증가, 또는 가격 하락폭이 작다면 매출액은 물론 그만큼 증가한다).

물론 악재만 있는 것은 아니다. 앞에서도 언급했듯이 원재료 가격의 하락으로 제조원가, 나아가서는 매출원가가 하락할 가능성이 있다. 이것은 이익 증가에 크게 공헌할 가능성이 있다.

어쨌든 이번 경기 후퇴가 어디까지 계속될 것인지, 그에 따라 〈신일본제철〉을 비롯한 많은 제조업의 생산량과 매출액 감소가 이어질 것인지, 또 그 파급력이 어느 정도일지 귀추가 주목된다. 〈신일본제철〉이 작년기말의 배당액을 오랫동안 '미정'으로 했던 것도 실적 저하가 어디까지, 또 얼마나 계속될지 알 수 없었기 때문일 것이다. 미증유의 경제 위기를 맞이한 가운데, 경영의 방향타를 어디로 향해야 할지 판단하기가 매우 어려운 상황이다.

ⓘ 감가상각비의 동향에 주목한다

〈신일본제철〉 등의 실적과 관련해 '**감가상각비**'에 대해 잠시 언급하고 넘어갈까 한다. 감가상각비는 설비투자 등을 사용기간에 따라 매년 비용화해 나가는 대표적인 고정비. 앞에서도 나왔듯이 일단 설비투자를 하면 그 금액은 사용기간 동안 지속적으로 상각되어야 하기 때문에, 투자 후에 원칙적으로 변하지 않는 '코미티드 코스트'의 하나이기도 하다.

2009년 3월기에 상장기업 전체의 감가상각비 합계가 25조 1,663억 엔이다(니혼게이자이 신문의 추계치. 2009년 6월 17일자 조간). 그러나 2010년도에는 경기 후퇴에 따라 이 감가상각비가 7퍼센트 감소될 것으로 예상된다. 물론 일단 투자한 것은 코미티드 코스트이기 때문에 원칙적으로 줄어들지 않지만 우선은 설비투자를 자제하기 위해 새로이 발생하는 감가상각비가 억제된다.

더욱이 설비투자나 그것을 포함하는 자산이 만들어내는 이익이 감소하기 때문에 그 자산이 앞으로 창출할 현금흐름에서 역산한 자산가치가 감소하고, '**감손처리**'를 한 장부가격을 낮춘 자산이 늘어날 것을 생각해 볼 수 있다. 자산 가격을 낮추면(장부가격을 낮추면) 상각액이 줄어들기 때문이다.

이번 경기 후퇴의 영향은 특히 제조업에서 두드러지게 나타났다.

실적 예상과 실제 결과를 비교할 때의 포인트

· 결산 발표시의 예상과 그 후의 실제 결산을 비교 분석한다.

· 거시경제의 동향도 인식해 둔다.

· 지분법 이익에서 관련회사의 실적 동향을 확인한다.

긴급분석

〈도요타 자동차〉와 〈GM〉의 재무제표에서는 무엇이 보이는가?

세계적인 경기 후퇴로 고전하는 자동차 산업의 상황을 보기 위해 〈도요타 자동차〉의 재무제표를 분석해보자. 일본을 대표하는 자동차 산업이 왜 이렇게까지 어려운 상황에 빠졌는지 그 요인을 알 수 있을 것이다.

ⓘ 경기 후퇴로 신음하는 자동차 업계

먼저 〈도요타 자동차〉의 2008년 9월 중간기 재무제표를 살펴보자.

지금은 세계적인 금융 위기와 경기 후퇴로 자원 가격의 하락이 진행되고 있다. 그러나 2008년 전반은 자원 가격이 큰 폭으로 상승한 시기로, 기업은 매출원가의 상승을 피할 수 없었다. 특히 경기 후퇴로 매출액이 감소한 기업은 매출 감소와 원가 상승이라는 더블 펀치를 맞았다.

대표적인 기업이 〈도요타 자동차〉다. 〈도요타 자동차〉는 2008년 3

〈도요타 자동차〉는 매출 감소와 원가 상승으로 이익이 반감

	2007년 9월 중간기	2008년 9월 중간기	
● 매출액			
상품·제품 매출액	12조2416억5900만 엔	11조4637억1000만 엔	
금융 수익	7705억5000만 엔	7266억9500만 엔	
매출액 합계	13조0122억0900만 엔	12조1904억0500만 엔	6.9% 감소
● 매출원가 및 판매비와 일반관리비			
매출원가	10조0066억9400만 엔	9조9038억3300만 엔	
금융 비용	5551억8400만 엔	4313억6700만 엔	
판매비와 일반관리비	1조1781억6700만 엔	1조2731억3700만 엔	
매출원가 및 판매비와 일반관리비 합계	11조7400억4500만 엔	11조6083억3700만 엔	
● 영업이익	1조2721억6400만 엔	5820억6800만 엔	54.2% 감소

'상품·제품' 매출원가율 (매출원가÷매출액)	81.7% →	86.4%	
'금융수익' 매출원가율 (매출원가÷매출액)	72.1% →	59.4%	

금융수익이 개선되었지만 규모가 큰 자동차 관련 부문의 악화를 메우지는 못했다

월기의 본 결산에서 매출액 26조 2,892억 엔, 영업이익 2조 2,704억 엔, 순이익 1조 7,179억 엔이라는 과거 최고의 결산을 기록했다. 그러나 2008년 9월기의 중간 결산 손익계산서를 보면 매출 감소와 원가 상승의 영향을 크게 받았다(도표4-9).

이 반기의 매출액은 연결로 12조 1,904억 엔이었다. 2007년 9월 중

간기의 13조 122억 엔에 비해 8,218억 엔, 6.3퍼센트 감소했다. 이는 말할 것도 없이 미국을 비롯한 세계적인 경기 불황의 영향을 받은 것이다. 영업이익은 2007년 9월기에 1조 2,722억 엔이었던 데 비해 2008년 9월기에는 그 절반 이하인 5,821억 엔으로 하락했다.

ⓘ 자동차의 원가율 상승을 커버하지 못하다

　　　　먼저 수치적으로 분석해보자. 〈도요타 자동차〉의 결산서는 미국 방식을 따르며, 자동차 등의 '상품·제품 매출액'과 그 '매출원가', 그리고 금융의 '수익'과 '비용'의 두 가지 세그먼트로 나뉘어 계상된다(도표4-9).

　'상품·제품 매출액'은 2007년 9월기의 12조 2,417억 엔에서 7,779억 엔 감소한 11조 4,637억 엔이다. 그리고 이에 대한 '매출원가'는 10조 67억 엔에서 9조 9,038억 엔으로 절대액은 감소했다. 매출원가를 매출액으로 나눈 '매출원가율'을 계산해 보면, 2007년 9월기에 81.7퍼센트였던 것이 2008년 9월기에는 86.4퍼센트로 대폭 상승했다. 참고로 2007년 3월기에는 81.0퍼센트, 2007년 9월기가 중간 결산이 되는 2008년 3월기에는 82.4퍼센트였으니 역시 원가율이 상승했다고 할 수 있다.

　한편 리스 등의 매출액에 해당하는 '금융수익'을 보면 2007년 9월기가 7,706억 엔, 2008년 9월기가 7,267억 엔, 그리고 그 원가에 해당하는 '금융비용'은 각각 5,552억 엔과 4,314억 엔이었다. 이것도 원가율을 계산해 보면 2007년 9월기에 72.1퍼센트였던 것이 2008년 9월기에는 59.4퍼센트로 낮아졌다. 수익과 비용 모두 감소했지만 원가율이라는 관점에서는 대폭 개선된 것이다. 그러나 역시 자동차의 매출 감소가 컸기 때문에 금융수익으로는 그 감소분을 충분히 메울 수 없었다.

게다가 도표에서 '판매비와 일반관리비(판관비)'를 보면 매출액이 감소했는데도 전기의 중간기보다 증가했다. 매출액에 대한 판관비의 비율을 계산해 보면 2007년 9월기에 9.1퍼센트였던 데 비해 10.1퍼센트로 1퍼센트 상승했다. 비용관리 능력이 뛰어난 〈도요타 자동차〉가 어떤 의도가 있어서 그렇게 한 것인지, 아니면 고정비를 절감하지 못했기 때문인지는 잘 모르겠다.

ⓘ 고정비 증가가 경영을 압박하다

2008년 9월기에는 매출액 감소와 원가 상승이 〈도요타 자동차〉의 이익에 커다란 악영향을 끼쳤다. 이를 '비용'의 측면에서 설명해 보겠다.

먼저, 비용에는 **고정비와 변동비**가 있다. 고정비는 매출의 증감에 상관없이 발생하는 비용이며, 변동비는 매출액에 비례해서 증감한다. 비용 중 고정비가 많은 기업은 매출액이 감소해도 총비용을 줄이지 못하기 때문에 이익액이 대폭 감소한다. 현재의 제조업은 설비투자액이 거액이며, 그 감가상각비가 고정비에서 큰 비중을 차지한다. 설비투자의 감가상각비는 일단 설비투자를 한 뒤에는 그것을 상각해야 하기 때문에 바꿀 수가 없다('코미티드 코스트'). 따라서 매출액이 감소하더라도 이 코미티드 코스트는 변하지 않기 때문에 이익에 커다란 영향을 끼친다.

인건비도 계약직 종업원 등은 변동비지만 정사원은 고정비. 기업은 실적이 꾸준히 상승하면 고정비를 늘리기 쉬운데, 매출이 감소하면 이런 고정비 증가가 커다란 부담으로 돌아온다. 비용에서 고정비가 차지하는 비율을 '고정비율'이라고 하는데, 고정비율이 높은 기업은 일반적으로 변동비율이 낮기 때문에(그렇지 않으면 경영을 할 수가 없다) 손익분기점을 넘었을 때는 큰 이익을 내지만 매출액이 감소하면 순식간에 이익이 격감해 자칫하면 적자를 볼 수도 있다.

게다가 변동비인 원재료 가격 상승도 상반기에 커다란 영향을 줬다. 하반기에는 원재료비 하락에 따른 변동비 절감 효과가 있을 것으로 생각되지만, 매출 부진도 크기 때문에 이익 환경은 상반기 이상으로 열악하다. 어쨌든 〈도요타 자동차〉뿐만 아니라 다른 기업을 살펴볼 때도 매출액의 감소와 원가율의 변화에 주목할 필요가 있다.

ⓘ 2008년도 하반기에는 실적이 더욱 하락했다

2008년도 하반기에는 상황이 더 악화되었다. 리먼 쇼크 이후 경기 후퇴가 더욱 심각해진 탓에 〈도요타 자동차〉는 몇 차례에 걸쳐 실적을 하향 수정해야 했다. 일본 최강이라고 일컬어지는 〈도요타 자동차〉조차도 이번 세계적인 경기 후퇴의 영향을 크게 받을 수밖에 없었다.

2009년 2월에 〈도요타 자동차〉는 2009년 3월기 결산에서 약 4,500억 엔의 적자가 예상된다고 실적을 하향 수정했다. 도표4-10은 2008년 12월 22일에 발표한 실적 수정수치다.

앞에서도 설명했듯이 〈도요타 자동차〉는 2008년 3월기 결산에서 과거 최고의 영업이익인 2조 2,704억 엔을 계상했다. 매출액은 26조 2,892억 엔이었다. 그 때 발표했던 2009년 3월기 전망은 매출액 약 25조 엔, 영업이익 1조 6,000억 엔이었다. 그 후 경제 환경이 격변하자 11월에는 매출액 23조 엔, 영업이익 6,000억 엔으로 실적을 하향 수정했다. 그리고 두 번째 하향 수정이 도표4-10에 나타난 매출액 21조 5,000억 엔, 영업이익 ▲1,500억 엔이라는 숫자다.

〈도요타 자동차〉가 실적을 급속히 낮춘 배경으로는 최근의 급격한 확대에 따른 고정비 증가를 생각할 수 있다. 이것을 분석하기 위해서는 변동비와 고정비를 바탕으로 한 손익분기점을 분석할 필요가 있다.

설비투자의 증가에 따른 고정비 증가가 이익을 압박
(〈도요타 자동차〉의 실적)

| | 2008년 3월기 | 2009년 3월기 전망 | | | 2006년 3월기 |
		당초 전망 (5/8)	하향 수정 1 (11/6)	하향 수정 2 (12/22)	
매출액	26조 2,892억 엔	25조 엔	23조 엔	21조 5,000억 엔	21조 369억 엔
영업이익	2조 2,704억 엔	1조 6,000억 엔 → 6,000억 엔		▲1,500억 엔	1조 8,783억 엔
당기순이익	1조 7,178억 엔	1조 2,500억 엔	5,500억 엔	500억 엔	1조 3,721억 엔

❶ 〈도요타 자동차〉의 손익분기점을 분석한다

손익분기점 매출액이란 비용과 매출액이 일치하는 점이다. 비용에는 매출액이 달라져도 변하지 않는 고정비와 매출액에 따라 변동하는 변동비가 있다. 그림으로 설명하는 편이 이해하기 쉬우니 도표 4-11을 보기 바란다.

고정비에 변동비를 더한 직선이 총비용의 선이다. 그리고 여기에 매출액의 선을 겹친 것이 도표4-11이다. 이 두 선이 만나는 점이 손익분기점이므로,

즉, 손익분기점 매출은 고정비를 (1-변동비율)로 나누면 구할 수 있다.

이 손익분기점의 개념을 전제로 먼저 〈도요타 자동차〉의 변동비율을 살펴보자. 당초 전망했던 매출액은 25조 엔이며, 11월에 수정한 매출액은 23조 엔으로 2조 엔이 감소했다. 한편 영업이익의 감소는 1조

도표 4-11 매출액과 총비용이 일치하는 점이 손익분기점

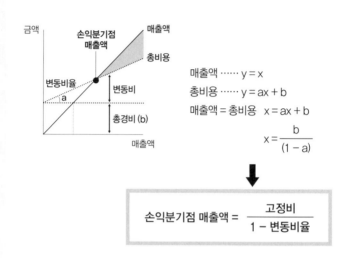

엔이므로 비용은 1조 엔 줄어든 셈이 된다. 매출액의 증감에 따라 변하는 비용은 변동비이므로 변동비가 1조 엔 줄어든 것이다. 변동비를 매출액으로 나눈 변동비율은 0.5가 된다.

이것은 11월과 12월의 수정 내용을 비교해 봐도 마찬가지다. 매출액이 1.5조 엔 감소한 데 비해 영업이익은 7,500억 엔 감소했으므로 매출액에 대한 비용의 감소는 역시 매출액의 절반, 즉 변동비가 절반이라는 계산이 나온다. 변동비율은 모두 0.5인 것이다. 그리고 손익분기점 매출액은 도표에서도 알 수 있듯이 23조 엔과 21조 5,000억 엔 사

154

이에 있는데, 변동비율이 0.5임을 생각하면 21조 8,000억 엔으로 추측할 수 있다(23조 엔에서 1조 2,000억 엔을 뺀다. 또는 21조 5,000억 엔에서 3,000억 엔을 더한다).

그러면 앞에서 설명한 손익분기점 매출액 계산식으로 고정비를 추정해 보자. 식은 '손익분기점 매출액=고정비÷(1-손익분기점 비율)'이다. 이 식에 방금 계산한 숫자를 넣으면,

'21조 8,000억 엔=도요타 자동차의 고정비÷(1-0.5)'가 된다.

이것을 계산하면 〈도요타 자동차〉의 고정비는 10조 9,000억 엔, 즉 약 11조 엔으로 추측할 수 있다(환율의 변동은 고려하지 않았다).

🕚 과도한 시설 투자가 화를 불렀다

이것을 〈도요타 자동차〉의 2006년 3월기 결산과 비교해 보면 재미있는 사실을 알 수 있다(도표4-10을 다시 한 번 참조하기 바란다). 그기의 매출액은 21조 369억 엔, 영업이익은 1조 8,783억 엔이다. 매출액은 2009년 3월기의 두 번째 하향 수정보다 조금 적은 정도인데, 이에 비해 영업이익은 약 2조 엔이나 차이난다는 사실을 발견할 수 있다. 이 사이에 〈도요타 자동차〉는 〈GM〉의 생산량을 제치고 명실상부한 세계 제일의 자동차업체가 되었는데, 그와 동시에 생산 확대를 위해 거액의 설비투자를 실시했기 때문에 그 감가상각비 등이 고정비의

대폭 상승을 불러왔다고 생각할 수 있다(달러=엔 환율의 차이도 이익에 커다란 영향을 줬다. 2006년의 달러=엔 환율은 115엔 정도였다. 환율 변동의 영향은 약 9,000억 엔 정도로 예상된다).

감가상각비는 설비 등을 사용기간에 따라 비용화해 나가는 것으로, 일단 설비투자를 하면 장기간에 걸쳐 상각이 계속되며 그 비용은 바꿀 수가 없다. 앞에서도 나왔지만 관리회계에서는 이와 같은 비용을 '코미티드 코스트'라고 하는데, 이것이 앞으로도 무거운 부담으로 작용할 가능성이 있다.

지금까지 계속 실적이 상승하는 동안에는 원자재비 절감과 공장에서 일하는 사람의 인건비 효율화 등을 중심으로 경비 절감을 해 왔다. 이를 가치공학(VE)이라고 하며, 더 낮은 비용으로 똑같은 효과를 낼 수 있는 방법을 철저히 추구해 온 기업이 〈도요타 자동차〉였다. 그러나 만약 매출 부진이 일정기간 계속되면 그것만으로는 대응할 수 없다. 코미티드 코스트를 포함한 고정비를 줄여야 하며, 이를 위해서는 채산성이 나쁜 공장의 폐쇄나 과감한 간접부문 축소 등을 단행해야 한다. 고정비 절감을 대대적으로 실시해야 하는 것이다.

이 때 일시적으로는 설비의 처분손 등으로 인해 큰 손실이 발생할 가능성이 있지만, 현금흐름적으로는 숨통이 트이는 동시에 미래의 이익을 확보하기 쉬워진다. 〈닛산 자동차〉가 2000년 전후의 힘든 시기에 실시했던 '곤 개혁'과 마찬가지다.

◯1 매출액은 떨어졌으나 매출원가율은 크게 악화

　　　　이번에는 〈도요타 자동차〉 2009년 3월기 결산의 손익계산서를 보도록 하자.

　먼저 연결 매출액을 보면 20조 5,295억 7,000만 엔이었다. 이것은 전기대비 21.9퍼센트 감소한 수치다(도표4-12).

　매출원가는 17조 4,684억 1,600만 엔이며, 상품·제품의 매출액에 대한 원가율은 91.1퍼센트다. 이것은 작년도의 82.4퍼센트를 볼 때 크게 악화된 것이다. 이처럼 손익계산서를 볼 때는 전년도와 비교해야 한다(동업 타사 등과의 비교도 필요하다).

　매출액이 떨어졌음에도 판매비와 일반관리비(판관비)는 줄지 않았기 때문에 영업손실은 4,610억 1,100만 엔의 적자가 되었다. 최종적으로는 당기순손실도 4,000억 엔이 넘었다.

　〈도요타 자동차〉는 2010년 3월기의 영업적자를 8,500억 엔 정도로 전망했는데, 향후의 경제 동향 등에 좌우될 것으로 보인다.

도표 4-12 〈도요타 자동차〉의 연결손익계산서

(단위: 백만 엔)

	전 연결회계연도 (2008년 3월 31일에 종료된 1년간)	당 연결회계연도 (2009년 3월 31일에 종료된 1년간)
매출액		
상품 · 제품 매출액	24,820,510	19,173,720
금융 수익	1,468,730	1,355,850
매출액합계	26,289,240	20,529,570
매출원가 및 판매비와 일반관리비		
매출원가	20,452,338	17,468,416
금융 비용	1,068,015	987,384
판매비와 일반관리비	2,498,512	2,534,781
매출원가 및 판매비와 일반관리비 합계	24,018,865	20,990,581
영업이익 · 손실(▲)	2,270,375	▲461,011
기타 수익 · 비용(▲)		
수취 이자와 수취 배당금	165,676	138,467
지급이자	▲46,113	▲46,882
환차익 · 차손(▲) 〈총액〉	9,172	▲1,815
기타〈순액〉	38,112	▲189,140
기타 수익 · 비용(▲) 합계	166,847	▲99,370
법인세 차감 전 순이익 · 손실(▲)	2,437,222	▲560,381
법인세 등	911,495	▲56,442
소수주주지분 손익과 지분법 투자 손익 조정 전 당기순이익 · 손실(▲)	1,525,727	▲503,939
소수주주지분 손익	▲77,962	24,278
지분법 투자 손익	270,114	42,724
당기순이익 · 손실(▲)	1,717,879	▲436,937

❶ 신차 판매 대수의 동향에서 보이는 것

지금까지 〈도요타 자동차〉의 실적 추이를 '회계적'으로 추적했는데, **기업의 실적을 볼 때는 거시경제적인 분석도 필요하다.** 이 책에서도 거시경제적인 시점을 곳곳에 집어넣었다. 기업을 보는 사람은 기업에만, 거시경제를 보는 사람은 거시경제에만 주의를 쏟기 쉬운데, 그것만으로는 불충분하다. 기업 경영자나 경영 컨설턴트도 양쪽의 움직임을 모두 볼 수 있어야 비로소 제몫을 해낼 수 있다. 기업의 실적을 집적한 것이 거시경제이며, 기업은 거시경제의 동향에 큰 영향을 받기 때문이다.

여기에서는 거시경제의 지표로서 신차 판매대수를 살펴보도록 하자. 자동차업계가 현재의 경기 후퇴의 영향을 얼마나 크게 받았는지 알 수 있다.

도표4-13은 '니혼게이자이신문'의 '경기지표' 중 최근 수년간 미국의 신차 판매대수의 동향이다.

미국에서는 2006년과 2007년에 1,600만 대에 이르렀던 판매대수가 2008년에는 1,300만 대 수준까지 급감했다. 게다가 월간 수치를 보면 2008년 10월 이후로는 연간 1,000만 대까지 떨어졌다. 〈GM〉의 도산 위기설이 흘러나온 것도 바로 이 무렵부터다. 참고로 2001년 미국에서 IT거품이 붕괴된 해에도 연간 자동차 판매량은 1,600만 대를 유지했다는 사실을 생각하면 이번 미국의 경기 후퇴가 심상치 않음을

미국과 일본의 자동차 판매대수

	일본 신차 판매대수 (만 대)	미국 신차 판매대수 (만 대)
2006년도	561.9	1,650
2007년도	532.0	1,608
2008년도	470.1	1,312
2008년 6월	44.7	1,363
7월	45.5	1,251
8월	31.0	1,369
9월	47.7	1,245
10월	37.9	1,051
11월	36.9	1,013
12월	30.6	1,026
2009년 1월	30.2	954
2월	38.1	909
3월	54.6	983
4월	28.4	929
5월	29.2	989
전년대비 (%)	▲19.0	▲30.4

※ '니혼게이자이신문' '경기지표' 를 가공.
※ 미국의 연도는 1월~12월의 숫자이며, 월간 숫자는 연 환산.
출처) 2009년 6월 16일자 니혼게이자이 신문에서.

잘 알 수 있다.

다만 주의해서 봐야 할 것은 일본의 신차 판매대수다. 이 숫자도 표에 실려 있는데, 일본의 신차 판매 대수는 2006년부터 이미 매년 대폭 감소하고 있다는 사실에 주의해야 한다. 그럼에도 〈도요타 자동차〉를 비롯한 자동차업체가 2008년 3월기에 과거 최고의 이익을 계상할 수 있었던 까닭은 북아메리카를 비롯한 해외 판매가 호조였기 때문인데,

주력인 북아메리카 시장이 크게 무너진 지금은 각사 모두 수익의 대폭적인 하락을 감수할 수밖에 없는 상황이다.

⚊ 파산한 〈GM〉의 손익계산서를 분석한다

그러면 미국을 중심으로 한 경기 후퇴의 영향을 가장 크게 받은 〈GM〉의 손익계산서(Statement of operations)를 살펴보도록 하자. 수익성이라는 관점보다 안전성의 관점에서 손익을 확인해 보도록 하자.

도표4-14를 보면, 먼저 매출액(Total net sales and revenues)이 2007년의 1,799.84억 달러에서 1,489.79억 달러로 17.2퍼센트 감소했다. 이것은 앞에서 본 업계의 수치와 마찬가지로 큰 폭의 하락세다. 그리고 영업 손실은 2007년에 약 43억 달러였던 것이 약 213억 달러로 5배나 확대되었다. 이것은 매출 감소와 함께 자동차 판매에 들어가는 매출원가가 절대액으로는 9.8퍼센트 감소했지만, 판관비는 거의 줄어들지 않았으며 기타 지출도 약 33억 달러가 증가하는 등 비용 조절이 거의 되지 않았기 때문이다. 그 때문에 영업 손실이 전년도에 비해 크게 확대되었는데, 그 밖의 요소를 가미한 순손실도 약 309억 달러를 계상했다. 2007년에도 387억 달러의 손실이었으니, 2년 동안 800억 달러에 가까운 손실을 계상한 셈이다.

도표 4-14 〈GM〉의 손익계산서

	Years End December 31	
	2008	2007
Net sales and revenues (순수익)		
Automotive cost of sales (자동차 판매량)	147,732	177,594
Financial services and insurance revenue (재정서비스와 보험수입)	1,247	2,390
Total net sales and revenue (매출액 합계)	148,979	179,984
Costs and Expenses (비용)		
Automotive cost of sales (자동차 매출원가)	149,311	165,573
Selling, general and administrative expense (판매비와 일반관리비)	14,253	14,412
Financial services and insurance expense (재정서비스와 보험비용)	1,292	2,209
Other expenses (기타 비용)	5,407	2,099
Total costs and expenses (비용 합계)	170,263	184,293
Operationg loss (영업 손실)	21,284	4,309
⋮	⋮	⋮
Net loss (순손실)	30,860	38,732

　그 결과 〈GM〉의 대차대조표를 살펴보면 순자산이 약 861억 달러의 마이너스, 즉 그 액수만큼 '채무초과'가 되었다. 재무 상황이 극도로 나쁜 상황으로, 극단적으로 말하면 실질적으로는 '파산' 상태라고 할 수 있다(그리고 그 후 실제로 파산했음은 여러분도 잘 알고 있을 것이다).

⒤ 미국 정부는 과감한 시책을 단행해야 한다

　　미국 정부는 궁지에 빠진 〈GM〉과 〈크라이슬러〉에 긴급구제 금융을 계속 제공했다. 부시 정권도 그랬고, 오바마 정권으로 바뀌어서도 운전 자금 마련을 위해 조 엔 단위의 융자를 제공했다. 〈GM〉정도의 심각한 재무 상황에 빠진 회사에게 은행이 융자를 해 주거나 투자가들이 사채(社債)를 구입해 줄 가능성은 희박하기 때문이다.

　그러나 〈GM〉의 현금흐름계산서를 보면 영업 단계에서 벌어들이는 '**영업현금흐름**'이 마이너스인 상황으로, 본업에서조차 현금을 벌어들이지 못하고 있다(현금흐름계산서에 대해서는 제5장에서 설명하겠다). 이렇게 되면 사업을 계속하기 위해서는 자산 매각을 계속하거나 융자 또는 증자를 지속적으로 받는 수밖에 없는데, 이것이 건전한 방법이 아님은 명백하다. 〈GM〉이나 다른 미국 자동차회사의 경우, 퇴직한 직원의 연금이나 의료비(미국에는 모든 국민에게 혜택을 주는 공적의료제도가 없다. 65세 이상과 빈곤층에 대한 의료 보장뿐이다) 부담이 크게 작용하고 있다. 〈GM〉의 대차대조표의 부채 부분을 보면 연금이 약 252억 달러, 기타 퇴직자대상 부채가 약 289억 달러다. 이 가운데 퇴직한 직원에게 들어가면 비용을 '유산 비용'이라고 부르는데, 자동차 한 대를 생산할 때마다 1,000달러가 넘는 비용이 합쳐지고 있다고 한다.

　나는 이러한 비용을 비롯한 막대한 부채를 없애기 위해서는 일단 연방 파산법 11조를 적용해 부정적인 유산을 털어내고 다시 시작하는 편이 좋지 않을까 생각했다(그리고 〈GM〉은 2009년 6월 1일에 연방 파산법 11조를 신청하고 파산했다. 현재 미국 정부가 대주주가 되어 재건의 길을 모색하고 있는 상황이다). 물론 파산 처리에 따라 금융기관이나 자동차부품업체는 채권을 포기할 수밖에 없기 때문에 막대한 타격을 입겠지만, 그에 관해서는 연방 정부가 손실을 보전해 주는 등 대응책을 세우면 된다. 그렇게라도 하지 않으면 정부는 수조 엔에 이르는 자금을 계속해서 투입해야 하며, 부채를 안고 있는 GM은 막대한 자금 지원을 받으면서도 상태가 호전되지 않을 수 있다(참고로 나는 〈씨티그룹〉이나 〈AIG〉 등의 금융기관을 파산시키는 데는 반대한다. 글로벌 금융기관이 파산하면 전 세계의 금융 시스템이 불안정해지고 이에따른 최대한의 손실이 얼마나 거대할지 알 수 없기 때문이다).

지금까지 〈도요타 자동차〉와 〈GM〉의 재무제표를 살펴봤는데, 여러분도 흥미가 있는 기업의 재무제표를 인터넷 등에서 찾아 살펴보기 바란다. 기본을 공부한 다음에는 실제 사례를 많이 볼수록 분석 능력이 높아진다.

제5장

현금흐름계산서로
자금력을 분석한다

이 장에서는 현금흐름계산서에 대해 설명하겠다. 주로 현금흐름계산서를 읽는 법을 설명할 것이고 먼저 구성을 간단히 살펴 볼 것이다.

'현금흐름계산서'는 상장기업 이외의 회사는 작성 의무가 없기 때문에 작성하지 않는 기업도 많다. 하지만 현금흐름계산서는 기업의 자금흐름을 읽는 데 매우 편리한 재무제표다.

◼ 현금흐름계산서의 구성

현금흐름계산서는 세 가지 항목으로 나뉜다. '영업현금흐름'과 '투자현금흐름', '재무현금흐름'이다(도표5-1).

영업현금흐름은 기업의 통상적인 업무를 통한 자금의 증감을 나타낸다. 이것이 마이너스가 계속되면 사업을 계속할 수 없다. 따라서 영업현금흐름이 플러스인가 마이너스인가는 매우 중요하다. 매출액에 대한 현금흐름의 비율을 '**현금흐름 마진**'이라고 하는데, 내 경험으로는 7퍼센트 이상이면 합격이다. 또 손익계산서상으로는 이익이 나더라도 외상판매대금을 회수하지 못하거나 재고가 증가하는 등의 상황에서는 영업현금흐름이 마이너스가 될 때도 있다. '**이익과 현금흐름은 다르다.**'라는 인식이 중요하며, 이익과 현금흐름 모두 플러스로 만들어야 한다. 그러지 않으면 흑자도산을 할 수도 있기 때문이다(이에 대해서는 뒤에서 자세히 설명하겠다).

투자현금흐름은 기업이 투자에 얼마나 자금을 사용하고 있는지, 또는 회수하고 있는지를 나타낸다. 투자에는 설비투자 외에 재무적인 투자도 포함되는데, 이쪽은 일반적으로 투자를 하면 자금이 빠져나가므로 투자현금흐름은 마이너스가 된다. 뒤에서 자세히 설명하겠지만, 특히 설비투자에 해당하는 '유형고정자산의 취득에 따른 지출'이 감가상각비보다 큰지를 확인할 필요가 있다. 보통 감가상각비 정도는 재투자를 하지 않으면 현재 사업을 유지할 수 없게 되기 때문이다.

도표 5-1 영업현금흐름, 투자현금흐름, 재무현금흐름

영업현금흐름 ··· 통상적인 업무를 통한 현금흐름의 증감
± 투자현금흐름 ··· 투자에 들어가는 현금흐름의 증감
± 재무현금흐름 ··· 재무, 주주환원에 들어가는 현금흐름의 증감
　총 현금흐름

재무현금흐름은 재무 활동으로 얼마나 자금을 얻었는지, 혹은 사용했는지를 나타낸다. 돈을 빌리거나 증자해 자금을 얻었을 때는 플러스가 된다. 반대로 자금을 상환하면 마이너스가 된다. 또 재무현금흐름을 볼 때는 배당이나 자사주 구입 등의 주주환원을 얼마나 하고 있는지도 봐야 한다. 이것은 현금흐름이 마이너스가 된다.

영업현금흐름을 벌어들이고 그 범위 안에서 투자현금흐름과 재무현금흐름의 마이너스를 충당하는 것이 균형 잡힌 현금흐름계산서다.

ⓘ 현금흐름계산서를 통해 기업의 실력을 본다

그러면 실제 현금흐름계산서를 통해 기업의 실력을 살펴보기로 하자. 이번의 분석 대상은 〈이온〉이다. 2009년 2월기의 현금흐름

현금흐름마진

$$현금흐름마진 = \frac{영업현금흐름}{매출액}$$

경험칙에 따르면 7퍼센트 이상이 우량

계산서를 사용해 분석하도록 하겠다(도표5-3).

먼저 기업의 통상적인 사업으로 벌어들이는 현금흐름인 '영업현금흐름'은 2009년 2월기에 2,340억 8,200만 엔이었다. 2008년 2월기의 2,000억 5,000만 엔보다 17퍼센트 상승했다. 물론 영업현금흐름이 증가하는 것은 기업으로서 바람직한 일이다.

현금흐름 경영의 대전제는 '**버는 것**'과 '**쓰는 것**'이다. 영업현금흐름이 '버는 것'의 근간이므로, 먼저 영업현금흐름을 벌어들이지 않으면 '사용'할 수가 없다. 벌어들인 현금흐름은 '**재무개선**'과 '**미래투자**', '**주주환원**'에 사용하는데, 이것도 현금흐름계산서에서 읽을 수 있다.

〈이온〉의 영업현금흐름의 구성을 조금 설명하고 넘어가도록 하겠다. 일본 현금흐름계산서의 영업현금흐름은 '법인세 차감전 순이익'부터 시작한다. 이온의 2009년 2월기 법인세 차감전 순이익은 726억

〈이온〉의 영업현금흐름

(단위: 백만 엔)

구분	2009년 2월기 (2008년 2월 21일~ 2009년 2월 28일)	2008년 2월기 (2007년 2월 21일~ 2008년 2월 20일)
I 영업활동에 따른 현금흐름		
법인세 차감 전 순이익	72,611	124,575
감가상각비	140,313	134,457
영업권 상각액	8,192	8,346
부의 영업권 상각액	▲11,406	▲11,226
대손충당금 증가액	37,481	40,257
이자반환손실 할당금 증가액	3,395	1,551
상품권회수손실 할당금 증가액	2,203	–
상여 할당금의 감소 (▲) 또는 증가액	▲158	3,699
퇴직급여 할당금의 감소 (▲) 또는 증가액	▲19,936	3,674
폐점손실 할당금의 감소 (▲) 또는 증가액	▲4,673	1,123
수취이자와 수취배당금	▲4,612	▲5,461
지급이자	11,751	12,774
환차손	946	622
지분법에 따른 투자손실	8,047	548
고정자산 매각익	▲1,747	▲4,979
고정자산 매각손	4,911	5,830
감손손실	55,584	46,339
지분변동이익	▲860	▲4,805
투자유가증권 상환익	▲2,705	–
유가증권과 투자유가증권 매각손익	▲20,421	▲8,648
투자유가증권 평가손	717	13,699
매출채권의 감소 또는 증가 (▲) 액	5,384	▲44,140
재고자산 증가 (▲) 액	▲5,207	▲17,314
영업대부금 증가액	▲18,385	▲44,311
매입채무 증가액	25,062	42,583
기타자산과 부채증감액	20,486	▲12,903
기타	2,962	1,006
소계	309,937	287,300
이자와 배당금 수취액	3,969	4,942
이자지급액	▲11,563	▲12,425
법인세 등 지급액	▲68,260	▲79,766
영업활동에 따른 현금흐름	234,082	200,050

1,100만 엔이다(《도요타 자동차》 등 미국 방식에 따라 개시하는 기업은 '당기순이익'부터 시작한다). 영업현금흐름은 이 법인세 차감전 순이익을 조정하는 방법에 따라 계산된다(이것을 '간접법'이라고 한다). 구체적으로는 '감가상각비'와 '감손손실' 등 현금이 나가지 않는 '비용'을 더하고 재고자산의 증감과 같이 손익과 관계없는 현금흐름이 움직이는 항목을 조정한다. 예를 들어 감가상각비는 법인세 차감전 순이익을 계산할 때 당연히 비용으로 빼게 된다. 그러나 현금은 자산을 구입했을 때 빠져나갔고 비용화될 때는 빠져나가지 않으므로 더해 준다.

　(감가상각비가 무엇인지 다시 한 번 설명하자면, 이것은 장기적으로 사용하는 설비 등을 그 사용기간에 맞춰 비용화하는 개념이다. 설비를 구입했을 때 전부 비용화를 하면 설비를 구입했을 때만 비용이 크게 늘어나고, 그 후 설비를 사용하는 기간에는 비용이 발생하지 않는 불합리한 상황이 된다. 건물이나 자동차 등 고액의 자산도 마찬가지라 할 수 있다. 따라서 그런 불합리성을 없애기 위해 설비 등에 투자한 비용을 사용기간에 맞춰 분배하자는 것이 감가상각의 개념이다.

　예를 들어 3,000만 엔에 구입한 공작 기계를 15년 동안 사용한다면 감가상각비는 매년 200만 엔(=3,000만 엔÷15년)이 된다. 돈은 기계를 구입했을 때 전부 지급했을지도 모르지만, 비용은 15년에 걸쳐 계상된다. 감가상각비는 사용기간에 맞춰 고르게 분배한 가격 감소분이라고 생각하면 될 것이다. 그러므로 감가상각비 자체는 돈이 나가지 않는 비용이다. 그만큼 이익과 현금흐름에 차이가 생기게 된다)

　감손손실과 같은 평가손도 마찬가지다. 비용이지만 현금이 발생하지 않으므로 더하는 것이다. 또 상품이나 서비스를 팔았지만 대금을 회수하지 못한 외상판매대금의 증감(외상판매대금의 증가는 영업현금흐름의 감소), 반대로 매입을 했지만 대금을 지급하지 않은 외상매입대금의 증감(외상매입대금의 증가는 영업현금흐름의 증가) 등도 조정된다.

조금 어려울지도 모르지만, 한 가지 이해해 둬야 할 점은 이 영업현금흐름의 계산 과정에서도 알 수 있듯이 **이익은 영업현금흐름의 원천이지만 이 두가지가 반드시 일치하지만은 않는다**는 것이다. 이익이 나더라도 외상판매대금이나 재고자산이 증가하면 영업현금흐름은 그 증가분만큼 악화된다. '계산은 맞지만 돈은 부족한' 상황이 발생할 수도 있으니 기업의 안전성이라는 관점에서도 영업현금흐름이 플러스인지 확인해야 한다.

🄳 현금흐름 마진을 통해 영업현금흐름의 적정 수준을 안다

또한 영업현금흐름이 수익면에서 적정 수준인지도 검증해야 한다. 이 때 사용하는 것이 '**현금흐름 마진**'이라는 수식이다. '영업현금흐름 ÷ 매출액'으로 계산한다. 〈이온〉은 이 수치가 5.0퍼센트다. 그럭저럭 나쁘지는 않은 수준이지만, 내 경험으로는 **7퍼센트 이상이 이상적**이다.

그리고 그렇게 벌어들인 영업현금흐름을 어떻게 사용하고 있는지도 현금흐름계산서에서 확인해야 한다. 먼저 투자현금흐름을 볼 때

'미래투자'를 얼마나 하고 있는지 확인한다. 이것을 확인하기는 쉽지가 않은데, 앞에서도 간단히 설명했듯이 '유형고정자산의 취득에 따른 지출' 과 '유형고정자산 등의 매각에 따른 수입'의 차액이 주로 설비투자를 나타 내기 때문에 나는 이것이 설비의 감소액인 '감가상각비'보다 많은지 적 은지를 먼저 확인한다. 2009년 2월기에 〈이온〉의 설비투자 등의 순액 은 3,427억 6,500만 엔으로, 2008년 2월기의 2,197억 4,600만 엔보다 크게 증가했다. 이것만 봐도 〈이온〉이 2009년 2월기에 대폭적인 투자 를 했음을 알 수 있다(도표5-4).

영업현금흐름의 조정 항목으로 기재되어 있는 감가상각비는 2009 년 2월기가 1,403억 1,300만 엔, 2008년 2월기가 1,344억 5,700만 엔 이므로, 각각의 순액이 감가상각비를 크세 웃돌고 있어 〈이온〉이 적극 적인 투자를 계속해 왔음을 읽을 수 있다. 경기가 후퇴하고 있는 현재, 이러한 경향이 계속될지 향후의 투자현금흐름을 주목하고 싶다.

또한 미래투자라는 관점에서는 자회사나 영업권의 취득 등의 항목 이 투자현금흐름에 나와 있을 때가 있으므로 이 항목도 확인한다.

일반적으로 투자현금흐름은 마이너스가 된다. 전략 변경이나 자금 융통 관계로 설비 등을 대대적으로 매각하지 않는 한 투자가 클 때가 많기 때문이다. 그리고 **투자에 따른 현금흐름의 마이너스를 영업현금흐름 의 플러스의 범위 안으로 억제할 수 있다면 차입 등 자금조달을 할 필요가 없 기 때문에 재무적으로 강한 회사라 할 수 있다.**

다만 현금 · 예금 등이 풍부한 회사는 투자현금흐름에 3개월 이상의

투자현금흐름에서는 미래투자에 주목한다

(단위: 백만 엔)

구분	2009년 2월기 (08년 2월 21일~ 09년 2월 28일)	2008년 2월기 (07년 2월 21일~ 08년 2월 20일)
I 영업활동에 따른 현금흐름 **여기에서 시작**		
법인세 차감전 순이익	72,611	124,575
감가상각비	140,313	134,457
현금이 나가지 않는 비용	⋮	⋮
	⋮	⋮
재고자산 증가 (▲) 액	▲5,207	▲17,314
⋮	⋮	⋮
⋮	⋮	⋮
영업활동에 따른 현금흐름	234,082	200,050
II 투자활동에 따른 현금흐름		
⋮	⋮	⋮
⋮	⋮	⋮
유형고정자산 등의 취득에 따른 지출	▲349,786	▲270,505
유형고정자산 등의 매각에 따른 수입	7,021	50759
(*유형고정자산 등의 수지 차액)	(▲342,765)	(▲219,746)
감가상각비를 웃도는 투자액	⋮	⋮
투자활동에 따른 현금흐름	▲325,758	▲291,283

주) 〈이온〉의 2009년 2월기 결산 단신을 바탕으로 가공 작성 (*는 필자 추가, : 는 중략)

순수한 '재무적인' 투자 매매가 포함되는데, 이것은 설비투자 등의 '전략적인' 투자와는 구별해서 생각해야 한다. 〈이온〉은 그 비율이 그다지 높지 않다.

① 재무현금흐름으로 자금의 과부족을 조정한다

　　다음으로 '재무현금흐름'에 대해 살펴보자(도표5-5). 영업현금흐름에서 벌어들인 것을 투자현금흐름에서 사용하게 되는데, 〈이온〉은 앞에서도 살펴봤듯이 약 2,341억 엔을 벌어들이고 그보다 많은 3,258억 엔을 사용했다. 따라서 단순히 생각하면 2009년 2월기에 벌어들인 돈만으로는 917억 엔이 부족하다. 그것을 조정하는 것이 지금부터 설명할 '재무현금흐름'이다.

　　재무현금흐름은 크게 두 부분으로 구성된다. 하나는 차입이나 증자 등으로 자금을 조달하거나 그 돈을 상환하는 **파이낸스** 부분이다. 그리고 다른 하나는 배당이나 자사주 매입 **주주환원**을 나타내는 부분이다.

　　먼저 파이낸스 부분부터 살펴보면, 〈이온〉은 '단기차입금과 CP의 순증가'로 1,622억 8,800만 엔을 조달했다. 또 '장기차입에 따른 수입' 2,120억 1,800만 엔에 대해 그 상환액이 1,754억 2,300만 엔이므로 장기차입을 순액으로 약 366억 엔 증가시킨 셈이 된다. 그리고 사채를 발행해 211억 4,000만 엔을 조달했는데, 이쪽은 상환이 250억 9,200만 엔 있기 때문에 순액으로는 약 40억 엔이 감소했다.

　　이상의 단기차입금과 장기차입금, 사채를 통한 조달과 상환을 합하면 1,949억 엔을 조달한 셈이 된다. 그 밖에 소수주주에 대한 주식 발행이 순액으로 약 7억 엔 있기 때문에 1,956억 엔의 자금을 조달했다.

　　한편 주주환원 부분을 보면, 배당금 지급액이 모회사와 자회사를 합

도표 5-5 재무현금흐름에서는 자금조달을 읽는다

(단위: 백만 엔)

구분	2008년도	2007년도
Ⅰ 영업활동에 따른 현금흐름		
법인세 차감전 순이익	72,611	124,575
감가상각비	140,313	134,457
영업단계에서 벌어들인 돈		
⋮		
영업활동에 따른 현금흐름	234,082	200,050
Ⅱ 투자활동에 따른 현금흐름		
유가증권 취득에 따른 지출	▲6,523	▲6,685
유가증권 매각에 따른 수입	10,351	4,893
유형고정자산 등의 취득에 따른 지출	▲349,786	▲270,505
유형고정자산 등의 매각에 따른 수입	7,021	50,759
투자유가증권의 취득에 따른 지출	▲33,590	▲97,930
투자유가증권의 매각에 따른 수입	31,301	11,028
투자유가증권의 상환에 따른 수입	2,705	—
⋮	⋮	⋮
⋮		
투자활동에 따른 현금흐름	▲325,758	▲291,283
Ⅲ 재무활동에 따른 현금흐름		
단기차입금과 CP의 순액 증가 또는 감소 (▲) 액	162,288	▲2,464
장기차입에 따른 수입	212,018	118,343
장기차입금의 상환에 따른 지출 *자금조달*	▲175,423	▲147,408
사채 발행에 따른 수입	21,140	25,134
사채상환에 따른 지출 *자금 감소*	▲25,092	▲45,950
주식 발행에 따른 수입	—	526
재생 채권 등의 변제액	▲2,698	▲2,807
자기주식의 취득에 따른 지출	—	▲60,687
소수주주에 대한 주식 발행에 따른 수입	1,099	2,398
소수주주로부터의 주식 되사기에 따른 지출	▲373	▲1,427
배당금 지급액	▲13,008	▲11,994
소수주주에 대한 배당금 지급액 *주주환원*	▲10,519	▲9,539
기타	▲4,430	▲5,388
재무 활동에 따른 현금흐름	165,000	▲141,266
Ⅳ 현금과 현금 동등물의 기초 잔고	159,744	382,851
Ⅴ 현금과 현금 동등물의 증가 또는 감소 (▲) 액	64,881	▲222,601

주) 〈이온〉의 2009년 2월기 결산 단신을 바탕으로 작성 (: 는 중략)

처 235억 2,700만 엔이다. 이것은 자회사에서 모회사에 대한 배당금을 제외한 액수다. 자기주식 취득액은 2008년 2월기에 약 607억 엔이 있었지만 2009년 2월기에는 없다.

간단히 말하면 〈이온〉은 2009년 2월기에 차입 등으로 약 1,950억 엔을 조달해 배당 등의 주주환원과 기타 목적으로 약 300억 엔을 사용했다고 할 수 있다. 그 결과 재무현금흐름은 플러스 1,650억 엔이 되었다.

앞에서 살펴봤듯이 영업현금흐름에서 벌어들인 분량과 투자현금흐름에서 사용한 금액의 차액이 약 917억 엔 부족이었으므로 1,650억 엔을 재무현금흐름에서 조달하면 그 차액인 약 700억 엔이 남는데, 그것을 이번 기의 투자에 사용하거나 그만큼 단기유동성을 확보했다고 할 수 있다.

⬤ 현금흐름에 나타나는 실적 부진의 영향

그러면 이번에는 〈소니〉의 현금흐름계산서를 살펴보도록 하자(도표5-6). 2008년도 제3사분기(2008년 4월부터 12월까지)의 현금흐름계산서를 사용해 전년도와 비교 분석해 보려 한다(〈소니〉의 현금흐름계산서는 미국 방식이다).

먼저 '영업현금흐름'에 주목하기 바란다. 전년동기(2007년 4월부터 12

월)에는 3,386억 엔 플러스였지만 이번 기(2008년 4월부터 12월)에는 350
억 엔 마이너스가 되었다. 그 가장 큰 이유는 이익을 올리지 못했기 때
문이다. 앞에서도 설명했듯이 이익과 현금흐름은 원칙적으로 다르다.
판매했지만 그 자금을 회수하지 못한 외상판매대금의 증감, 이익과는
관계가 없는 재고의 증감, 감가상각비나 유가증권의 평가손익 같이 현
금이 움직이지 않는 손익이 있기 때문에 일반적으로 이익과 현금흐름
은 큰 차이가 있다. 그러나 **이익은 영업현금흐름의 원천**이며, 장기적으로
보면 이익과 영업현금흐름은 원칙적으로 일치한다. 즉 장기적으로는
이익을 벌어들이지 못하는 한 현금흐름도 플러스가 되지 않는다. 〈소
니〉의 영업현금흐름의 내역을 보면 당기순이익이 2008년도에는 2007
년도에 비해 2,742억 엔이나 크게 감소했다. 즉 영업현금흐름 감소의
가장 큰 요인은 당기순이익의 감소인 셈이다.

다음으로 '투자현금흐름'을 보면 이쪽은 작년도와 거의 차이가 없
다. 투자현금흐름의 내용을 볼 때 주의해서 살펴봐야 하는 것이 앞항
에서도 지적한 '고정자산의 구입'과 '고정자산의 매각'이다(회사에 따라
서는 '유형고정자산의 구입' 또는 '매각'이라고 표시하는 곳도 있다). 이것은 설비
투자일 경우가 대부분으로, 현재 사업을 유지하기 위한 투자 외에 미
래의 사업 확대를 위한 미래투자가 포함되어 있다.

왜 이들 숫자에 주목해야 할까? 첫째는 영업현금흐름을 충분히 벌
어들이지 못하게 되면 투자를 줄일 수밖에 없기 때문이다. 현금흐름이
더욱 심각해지면 기존의 투자를 매각할 수도 있다. 그리고 설비투자에
는 미래투자가 포함될 때가 있으므로, **충분한 미래투자를 하지 않으면 장**

당기순이익의 대폭적인 감소의 영향으로 영업현금흐름이 마이너스

〈소니〉의 현금흐름계산서

(단위: 백만 엔)

	07년 4월 1일~ 07년 12월 31일	08년 4월 1일~ 08년 12월 31일	전년대비 증감액
영업활동에 따른 현금흐름			
1 당기순이익	3,404	662	▲2,742
2 영업활동으로 얻은(영업활동에 사용한) 현금·예금과 현금 동등물(순액)에 대한 당기순이익의 조정			
(1)유형고정자산의 감가 상각액과 무형고정자산의 상각액 (이연 보험 계약비의 상각을 포함)	3,142	3,006	▲136
┊			
영업활동으로 얻은(영업활동에 사용한) 현금·예금과 현금 동등물(순액)	3,386	▲350	▲3,736
투자활동에 따른 현금흐름			
1 고정자산의 구입	▲3,371	▲3,603	▲232
2 고정자산의 매각	770	1,525	755
(*설비투자 순액)	▲2,600	▲2,079	▲521
투자활동에 사용한 현금·예금과 현금 동등물(순액)	▲5,359	▲5,966	▲607
재무 활동에 따른 현금흐름			
1 장기차입	268	505	237
2 장기차입금의 상환	▲328	▲2,610	▲2,282
3 단기차입금의 증가(순액)	1,130	3,841	2,711
6 배당금 지급	┊	┊	
	▲251	▲427	▲176
재무 활동으로 얻은 현금·예금과 현금 동등물(순액)	┊	┊	
	4,280	3,830	▲450

> 당기순이익이 대폭 감소

> 영업 이익이 마이너스로

> 설비투자 순액은 2007년도의 2,600억 엔에서 2008년에는 2,079억 엔으로 감소

> 2기 연속으로 거액의 자금조달을 실시해 단기유동성을 확보

주) 〈소니〉의 2009년 3월기 제3사분기 결산·연결 현금흐름계산서에 의해 작성

래의 실적에 영향을 끼칠 수 있다. 〈소니〉를 보면 고정자산의 구입액에서 매각액을 뺀 설비투자 순액이 2007년도에는 2,600억 엔이었지만 2008년도에는 2,079억 엔으로 어느 정도 감소했다. 넉넉히는 투자를 하고 있지 못하다고 할 수 있다. 그러나 2008년도에는 3,603억 엔을 투자하고 1,525억 엔을 매각했음을 생각하면 투자해야 할 사업과 중단해야 할 사업을 전년 이상으로 선별한 것이 아닐까 생각된다.

그리고 마지막으로 '재무현금흐름'을 보면, 2007년에는 4,280억 엔 플러스이고 2008년에는 3,830억 엔 플러스다. 재무현금흐름이 플러스라는 말은 그만큼 자금조달을 했다는 뜻이다. 특히 2008년에는 단기 차입으로 3,841억 엔을 조달했으며, 한편 장기차입금은 순액으로 2,105억 엔 감소했다. 〈소니〉는 금융 비즈니스도 하고 있기 때문에 이때의 자금조달도 재무현금흐름에 나타나지만 본업에서만도 1,000억 엔 이상의 자금조달이 있다. 이것은 본업의 부진과 불투명한 미래에 대한 불안에서 단기유동성을 높이려 한 것 같다.

2 '버는 것'과 '쓰는 것' 그리고 자유현금흐름

현금은 벌어들이고, 사용하는 것이 중요한데, 지금까지 살펴봤듯이 기본적으로는 영업현금흐름을 벌어들여 그것을 투자현금흐름에서 사용하며, 또한 재무현금흐름에서 재무개선과 주주환원에 사용하는 것이 기본이다. 그래서 자금이 모자랄 때는 역시 재무현금흐름에서 자금조달을 하게 된다(이 때 재무개선은 할 수 없다)(도표5-7).

벌어들인 영업현금흐름의 범위 안에서 투자를 실시하고 주주환원을 하면 자금조달 없이 남은 자금을 재무개선에 사용할 수 있다. 즉, **영업현금흐름의 플러스 범위 안에서 투자현금흐름과 재무현금흐름의 마이너스를 충당하는 것이 가장 이상적**이다.

벌어들인 영업현금흐름보다 거액의 투자를 하려면 재무현금흐름에서 자금을 조달해야 하는데, 이런 일은 그다지 건전하다고 할 수 없다. 증자는 주식의 가치를 낮추는 것이고, 차입의 계속되는 증가는 재무건전성을 악화시킨다.

균형 잡힌 현금흐름계산서는 영업현금흐름을 벌어들이고 그 범위 안에서 투자와 재무개선, 주주환원을 하는 것이다. 투자현금흐름의 마이너스와 재무현금흐름의 마이너스가 영업현금흐름의 플러스 범위 안에 있어야 한다.

그 좋은 예로 〈가오〉의 현금흐름계산서를 살펴보자(도표5-8). 2007년 3월기와 2008년 3월기 분이 나열되어 있다. 영업현금흐름을 보

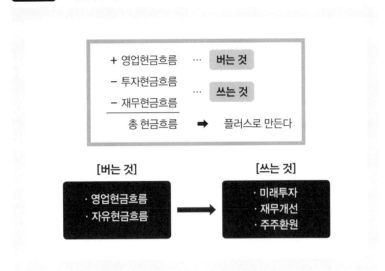

도표 5-7 '버는 것'과 '쓰는 것'

+ 영업현금흐름 ··· 버는 것
- 투자현금흐름 ··· 쓰는 것
- 재무현금흐름
─────────
총 현금흐름 ➡ 플러스로 만든다

[버는 것]
· 영업현금흐름
· 자유현금흐름

[쓰는 것]
· 미래투자
· 재무개선
· 주주환원

면 2007년 3월기에는 1,649억 7,700만 엔, 2008년 3월기에는 1,803억 2,200만 엔이다. 그만큼 통상적인 영업활동으로 벌어들이고 있다는 것이다. 그것을 투자현금흐름에서 설비투자 등에 사용하고, 또 재무현금흐름에서는 장기차입금의 상환과 자기주식 취득, 배당 등에 사용했다. 그것을 벌어들인 영업현금흐름의 범위 안에서 사용했기 때문에 균형이 좋다. 〈가오〉는 〈가네보 화장품〉을 4,600억 엔 정도에 매수한 이래 투자를 조금 억제하고 그 대신 투자를 위해 증가시킨 차입금의 상환을 서두르고 있는데, 현금흐름계산서를 보면 '버는 것'과 '쓰는 것'의 균형을 잘 잡고 있다.

도표 5-8 〈가오〉는 '버는 것'과 '쓰는 것'의 균형이 좋다

〈가오〉의 연결 현금흐름계산서

> 통상적인 영업단계에서 벌어들인 현금흐름.
> 장기간에 걸쳐 마이너스가 지속되면
> 회사의 존속이 어려워진다.

(단위: 백만 엔)

	2007년 3월기	2008년 3월기
영업활동에 따른 현금흐름	164,977	180,322

> 투자에 얼마나 돈을 썼는지, 또는 회수했는지를
> 나타낸다. 설비투자와 기업 매수 등이
> 포함되며, 대부분 마이너스가 일반적이다.

투자활동에 따른 현금흐름	▲63,227	▲52,389

> 재무 활동에 따른 자금조달·상환이나
> 주주환원을 나타낸다. 돈을 빌리면 플러스,
> 갚으면 마이너스가 된다.

재무활동에 따른 현금흐름	▲83,665	▲101,822
현금과 현금 동등물 증감액	20,627	24,482

🌀 〈닛산 자동차〉와 〈도요타 자동차〉의 '버는 것' 과 '쓰는 것'

　　도표5-9는 〈닛산 자동차〉의 2008년 3월기와 2009년 3월기 현금흐름계산서다.

　고정자산의 지출(〈닛산 자동차〉는 유형고정자산과 무형고정자산의 취득을 함께 표기한다)은 2008년 3월기에 4,692억 3,600만 엔, 2009년 3월기에 3,861억 2,200만 엔이다(2007년 3월기가 5,468억 4,800만 엔이므로 매년 감소하고 있음을 알 수 있다). 이것은 리스 차량을 제외한 투자액이다. 순액으로는 '고정자산의 매각에 따른 수입'을 빼면 2008년 3월기에 3,380억 5,300만 엔, 2009년 3월기에 2,298억 6,100만 엔이 된다. 한편 (리스 차량을 제외한)감가상각비는 각각 4,637억 3,000만 엔과 4,388억 4,900만 엔이므로, 두 해 모두 고정자산 취득액 순액이 감가상각비를 밑돌았음을 알 수 있다.

　〈닛산 자동차〉의 경우 카를로스 곤이 CEO가 되어 위기를 벗어날 무렵에 대형 구조조정을 실시했는데, 그 무렵에는 이 고정자산 취득액이 감가상각비를 밑돌던 시기가 있었다. 존망의 위기였기 때문에 설비투자를 억제하는 것은 어쩔 수 없는 선택이었다고 할 수 있지만, 그것이 그 후의 신차 개발과 기술 개발, 나아가서는 실적에 영향을 끼치게 된다. 그리고 그 후 실적이 회복되어 투자를 늘렸지만, 최근의 경기 후퇴로 다시 투자를 줄였다.

　한편 〈도요타 자동차〉의 현금흐름계산서를 살펴보면 '유형고정자

〈닛산 자동차〉의 현금흐름계산서 (발췌)

(단위: 백만 엔)

	2008년 3월기 (07년 4월 1일~ 08년 3월 31일)	09년 3월기 (08년 4월 1일~ 09년 3월 31일)
영업활동에 따른 현금흐름		
법인세 차감전 순이익	767,958	▲218,771
또는 법인세 차감전 순손실 (▲)		
감가상각비 (리스 차량을 제외한 고정자산)	463,730	438,849
감가상각비 (장기 선불 비용)	24,744	25,966
감가상각비 (리스 차량)	340,698	301,547
감손손실	8,878	19,649
⋮	⋮	⋮
영업활동에 따른 현금흐름	1,342,284	890,726
투자활동에 따른 현금흐름		
단기투자의 순증감액 (▲는 증가)	6,311	▲3,681
고정자산 취득에 따른 지출	▲469,236	▲386,122
고정자산 매각에 따른 수입	131,183	156,261
⋮	⋮	⋮
투자활동에 따른 현금흐름	▲867,623	▲573,584
재무활동에 따른 현금흐름		
단기차입금의 순증감액 (▲는 감소)	25,397	▲622,231
장기차입에 따른 수입	834,160	1,561,421
사채 발행에 따른 수입	236,875	73,336
장기차입금의 상환에 따른 지출	▲1,023,072	▲781,986
사채 상환에 따른 지출	▲101,888	▲150,017
소수주주로부터의 납입에 따른 수입	47	1,991
자기주식의 취득에 따른 지출	▲81,341	▲34
자기주식의 매각에 따른 수입	33,203	–
파이낸스·리스 채무의 상환에 따른 지급액	▲72,762	▲86,630
배당금 지급액	▲151,725	▲126,303
소수주주에 대한 배당금 지급액	▲6,291	▲4,574
기타	395	14
재무활동에 따른 현금흐름	▲307,002	▲135,013
⋮	⋮	⋮

산의 구입(임대 자산을 제외)'이 2008년 3월기에 1조 4,805억 7,000만 엔, 2009년 3월기에는 1조 3,645억 8,200만 엔(참고로 2007년 3월기는 1조 4,258억 1,400만 엔이었다)이며, 그 매각액을 제외한 순액은 각각 1조 4,130억 1,900만 엔과 1조 3,171억 9,600만 엔이다(도표5-10).

그리고 감가상각비는 각각 1조 4,911억 3,500만 엔과 1조 4,951억 7,000만 엔이다. 〈도요타 자동차〉의 경우 감가상각비에 임대자산(대부분이 리스 차량으로 생각된다)의 감가상각비(필자 추정 4,000억 엔 정도)도 포함되어 있기 때문에 설비투자액만을 놓고 보면 약 1조 엔의 감가상각비에 대해 1조 3,000억 엔에서 1조 4,000억 엔의 설비투자를 실시하고 있다고 볼 수 있다. 상당히 대규모 투자를 계속하고 있는 것이다.

2008년 3월기에는 〈닛산 자동차〉와 〈도요타 자동차〉 모두 비교적 좋은 실적을 발표했지만, 2009년 3월기에는 〈닛산 자동차〉가 약 1,380억 엔, 〈도요타 자동차〉가 약 4,610억 엔의 영업손실을 계상했다. 〈닛산 자동차〉는 〈도요타 자동차〉보다 일찍 투자를 줄이기 시작한 것으로도 보이는데, 양사 모두 지금까지의 투자가 장래를 위한 '미래 투자'가 될 것인지, 아니면 '족쇄'가 될 것인지는 앞으로의 세계 경기 회복과 양사의 전략에 달려 있다.

도표 5-10 〈도요타 자동차〉의 현금흐름계산서 (발췌)

(단위: 백만 엔)

	전 연결회계연도 (2008년 3월 31일에 종료된 1년간)	당 연결회계연도 (2009년 3월 31일에 종료된 1년간)
영업활동에 따른 현금흐름		
당기순이익·손실 (▲)	1,717,879	▲436,937
영업활동으로 얻은 현금〈순액〉에 대한		
당기순이익·손실 (▲)의 조정		
감가상각비	1,491,135	1,495,170
⋮	⋮	⋮
영업활동에서 얻은 현금 〈순액〉	2,981,624	1,476,905
투자활동에 따른 현금흐름		
⋮	⋮	⋮
유형고정자산의 구입 〈임대자산 제외〉	▲1,480,570	▲1,364,582
임대자산의 구입	▲1,279,405	▲960,315
유형고정자산의 매각 〈임대자산 제외〉	67,551	47,386
임대자산의 매각	375,881	528,749
유가증권과 투자유가증권의 구입	▲1,151,640	▲636,030
유가증권과 투자유가증권의 매각 및	987,410	1,475,877
만기 상환		
⋮	⋮	⋮
투자활동에 사용한 현금 〈순액〉	▲3,874,886	▲1,230,220
재무 활동에 따른 현금흐름		
자기주식의 취득	▲311,667	▲70,587
장기차입 채무의 증가	3,349,812	3,506,990
장기차입 채무의 상환	▲2,310,008	▲2,704,078
단기차입 채권의 증가	408,912	406,507
배당금 지급액	▲430,860	▲439,991
재무 활동으로 얻은 현금 〈순액〉	706,189	698,841

⬤ '자유현금흐름'은 기업의 진정한 실력

'자유현금흐름'은 기업이 자유롭게 사용할 수 있는 돈인데, **영업현금흐름에서 '현재의 사업을 유지하기 위해 필요한 현금흐름'을 뺀 것**이다. 벌어들인 영업현금흐름에서 현재의 사업을 유지하기 위해 필요한 투자액을 뺀 돈으로, 이것이 기업이 자유롭게 사용할 수 있는 자유현금흐름이며 기업의 진정한 실력이라고 할 수 있다.

현재의 사업을 유지하기 위해 필요한 현금흐름'을 기업 외부의 사람이 계산하기는 어렵지만, 간이로 '감가상각비'를 이용할 수 있다. 보통은 현재의 사업을 유지하기 위해 감가상각비만큼의 재투자가 필요하기 때문이다. 예를 들어 앞에서 나온 〈이온〉의 2009년 2월기 영업현금흐름은 2,340억 8,200만 엔, 감가상각비는 1,403억 1,300만 엔이었으므로, 2009년 2월기의 자유현금흐름은 937억 6,900만 엔으로 추산할 수 있다.

⬤ '자유현금흐름'의 두 가지 정의

사실 자유현금흐름에는 두 가지 정의가 있다. 일반적으로는, **영업현금흐름 - 투자현금흐름**이 사용된다. 이 식을 사용해 계산하면 〈이온〉의 경우는 ▲916억 7,600만 엔이 된다(도표5-4, 174페이지 참조). 〈니혼게이자이 신문〉 등에서는 이 정의를 사용한다.

한편 앞에서 내가 계산한 〈이온〉의 자유현금흐름은 937억 6,900만 엔으로 큰 차이가 있다. 이것은 나는 자유현금흐름을, **영업현금흐름 - 현재의 사업을 유지하기 위해 필요한 현금흐름**으로 계산했기 때문이다. 이것이 두 번째 정의로, 전문가들은 이쪽을 많이 사용한다.

투자현금흐름에는 ① 현재 사업을 유지하기 위해 필요한 현금흐름 과 ② 미래투자, ③ 3개월 이상의 재정적인 투자(정기 예금이나 사채, 장기적 인 주식 구입 등)의 세 가지가 포함되어 있다. 만약 자유현금흐름을 계산 할 때 영업현금흐름에서 투자현금흐름을 전부 빼면 '미래투자'와 '3개 월 이상의 재정적 투자'도 같이 빼게 되어 그 나머지가 자유현금흐름 이 되어 버린다. 원래 미래투자나 재무적 투자는 자유롭게 사용할 수 있는 돈, 즉 자유현금흐름을 가지고 해야 하는 것이다. 그런데 그것들 을 빼고 남은 돈을 자유현금흐름으로 본다면 자유현금흐름은 기업이 돈을 벌어들이는 능력을 나타내는 중요한 지표임을 생각했을 때 그것 을 '과소평가'하게 될 수 있다(도표5-11).

그러나 일반적인 정의가 사용되는 데도 이유가 있다. 먼저, 앞에서 도 설명했듯이 기업 외부의 사람은 '현재의 사업을 유지하기 위해 필 요한 현금흐름'의 액수를 알기 어렵다는 문제가 있다(나는 앞에서 간이적 으로 '감가상각비'를 사용했다). 또 한 가지 이유는, 〈이온〉과 같이 적극적인 확대책을 채용한 기업은 예외이지만 대부분의 기업은 미래투자액이 나 3개월 이상의 재무적 투자액이 그다지 많지 않기 때문에 '영업현금 흐름 - 투자현금흐름'을 사용해도 그다지 큰 오차는 나지 않는다. 그

도표 5-11 자유현금흐름의 두 가지 정의

자유현금흐름 =

❶ 영업현금흐름 − 투자현금흐름 { · 현재 사업을 유지하기 위해 필요한 현금흐름
· 미래투자
· 3개월 이상의 재무투자

❷ 영업현금흐름 − 현재의 사업을 유지하기 위해 필요한 현금흐름

러나 방금 살펴본 〈이온〉처럼 적극적으로 미래투자를 실시하는 기업이나 재무 여력이 넉넉해 거액의 재무적 투자를 실시하는 〈도요타 자동차〉 같은 기업은 여기에서 설명한 두 가지 정의 중 어느 쪽을 사용하느냐에 따라 큰 차이가 생긴다.

어쨌든 자유현금흐름은 관리회계의 수치이므로 기업 분석을 할 때 계산 방법의 차이에 주의해야 한다.

❸ 이익이 나도 현금이 돌지 않으면 도산한다

회사는 아무리 이익이 나도 단기적으로 자금융통이 되지 않으면 도산한다. 이른바 '흑자도산'이다. 손익계산서상 이익을 내는 것은 중요한 일이지만, 그래도 단기적으로 자금융통이 되지 않으면 도산할 때가 있다.

손익계산서를 설명할 때도 잠시 언급했지만, 작년에 도산한 〈어번 코퍼레이션〉을 예로 들어 살펴보자. 〈어번 코퍼레이션〉은 이익이나 벌어들이는 현금흐름을 초과한 투자를 했다. 벌어들일 수 있는 현금흐름과 투자의 균형을 무너뜨렸다고 말해도 좋을 것이다. 이것은 〈어번 코퍼레이션〉의 현금흐름계산서를 보면 명확하다. 〈어번 코퍼레이션〉의 홈페이지에서 얻은 현금흐름계산서를 실었는데, 영업현금흐름이 마이너스 상태가 줄곧 계속되었다(도표5-12).

〈어번 코퍼레이션〉의 경우, 부동산 매입은 투자가 아니라 재고자산의 증가가 되기 때문에 통상적인 영업단계에서의 현금흐름을 나타내는 영업현금흐름이 매년 대규모 마이너스가 되었다(만약 부동산에 대한 투자가 본업이 아니라면 영업현금흐름이 아니라 투자현금흐름이 마이너스가 되지만 본질은 변하지 않는다). 그리고 벌어들이는 현금흐름보다 과도하게 투자를 했기 때문에 당연히 자금이 부족해졌고, 그것을 재무현금흐름의 플러스로 메웠다. 즉 차입금을 늘려 조달한 것이다(제15기 이후 재무현금흐름이 대규모 플러스임에 주목하기 바란다). 매입한 부동산이 순조롭게 팔리거나 그 가치가 올라가는 동안에는 문제가 없지만, 부동산이 팔리지 않거나 가치가 감소하면 은행이 추가로 융자를 해 주는 등 자금을 융통하지 않는 이상 순식간에 도산하게 된다.

토지 가격의 지속적인 상승을 전제로 한 사업 모델이었음에도 은행은 융자를 계속해 줬다. 어느 시점엔가 은행도 뭔가 심상치 않음을 눈치 챘겠지만, 추가 융자를 해 주지 않으면 자신들의 융자금을 상환 받을 수 없다고 생각해 더욱 융자를 확대했을 것이다. 거품 경제 시대를 떠올리게 하는 융자 태도다.

독자 여러분은 은행이 돈을 빌려주니 안심이라고 생각해서는 안 될 것이다. 상식을 발휘해야 한다. 현금흐름을 크게 넘어서는 과도한 투자는 오래 지속될 수 없다. 〈어번 코퍼레이션〉은 경제가 확대되거나 토지 가격이 꾸준히 상승하는 상황에서만 성립하는 비즈니스 모델이었던 것이다.

이익은 매출액에서 비용을 뺀 것으로, 재료 매입이나 투자는 이익에 직접 영향을 주지 않는다. 앞에서도 몇 번이나 설명했듯이, 매입비가 비용이 되는 것은 그것이 팔렸을 때다. 팔리기 전까지는 재고자산으로서 대차대조표에 기재될 뿐 비용화되지 않는다. 즉 손익계산서에는 나타나지 않는다. 그러므로 이익만을 보다가는 상황을 오판할 수 있다. 그리고 이익이 나더라도 여기에서 살펴본 〈어번 코퍼레이션〉의 사례처럼 현금흐름이 돌지 않으면 회사는 간단하게 도산하고 만다.

또 〈어번 코퍼레이션〉의 재무제표를 보면 도산 전 수년 동안 자금

〈어번 코퍼레이션〉은 벌어들일 수 있는 현금흐름을 초과한 투자를 했다

연결 현금흐름계산서   (단위: 백만 엔)

	제13기	제14기	제15기	제16기	제17기	제18기
	03년 3월기	04년 3월기	05년 3월기	06년 3월기	07년 3월기	08년 3월기
법인세 차감전 순이익	3,670	4,671	11,653	14,655	58,552	61,450
감가상각비	186	128	418	716	1,166	1,768
⋮	⋮	⋮	⋮	⋮	⋮	⋮
재고자산의 증감액	▲4,366	▲7,759	▲23,614	▲53,634	▲99,439	▲138,065
⋮	⋮	⋮	⋮	⋮	⋮	⋮
영업활동에 따른 현금흐름	3,012	▲251	▲24,995	▲32,991	▲55,033	▲100,019
투자활동에 따른 현금흐름	919	▲1,203	▲6,603	1,078	▲9,063	▲11,100
단기차입금 순증감액	▲3,405	▲601	11,678	15,073	44,511	31,041
장기차입에 따른 수입	12,088	22,655	30,427	31,351	83,649	143,642
장기차입의 상환에 따른 지출	▲7,152	▲23,391	▲17,285	▲19,028	▲67,561	▲102,548
사채의 발행에 따른 수입	–	500	1,400	5,631	36,314	57,130
사채의 상환에 따른 지출	–	–	▲50	▲240	▲9,843	▲38,524
배당금 지급액	▲115	▲181	▲435	▲1,007	▲3,356	▲6,741
CP 순증감액	▲600	▲600	900	800	5,500	▲100
금융자산의 양도에 따른 수입	–	–	–	–	–	6,750
기타	▲5	▲1,075	13,598	10,453	▲6,004	▲1,438
재무 활동에 따른 현금흐름	811	▲2,693	40,233	43,043	83,210	89,212

융통이 여의치 않았을 터인데도 임원 상여금을 지급했고, 또 종업원을 위한 퇴직금 충당금이 없으면서도 임원들만 퇴직 위로 충당금을 적립하는 등 경영자의 자세에 문제가 보였다. 어쨌든 설령 이익이 나더라도 현금흐름을 분석해 도산 리스크가 없는지 검토해 보는 것이 중요하다.

ⓐ '영업현금흐름'을 보면 이익과 현금흐름의 차이를 알 수 있다

'이익과 현금흐름은 다르다.'는 것은 기업의 현금흐름계산서를 보면 알 수 있다. 현금흐름계산서의 영업현금흐름은 기업의 통상적인 활동에서의 현금흐름을 나타낸다. 이 영업현금흐름은 이익(법인세 차감 전 순이익)에서 조정해 나가는 방법(이것을 '간접법'이라고 한다)으로 작성된다. 즉 이익에서 시작해 현금흐름과 다른 항목을 조정해 나가는 것이다. 앞에서 설명한 영업현금흐름의 복습을 겸해 살펴보도록 하자.

〈파나소닉〉의 2009년 3월기 현금흐름계산서를 예로 실었으니 이것을 보면서 설명하겠다(〈파나소닉〉은 미국 방식으로 개시)(도표5-13).

먼저 가장 위에 있는 것이 당기순이익이다(일본 방식에서는 법인세 차감 전 순이익이다). 순자산부터 조정해 나가는 것인데, 〈파나소닉〉은 3,789억 6,100만 엔의 적자다. 여기에서 먼저 감가상각비를 더한다. 앞에서

〈파나소닉〉의 영업현금흐름

(단위: 백만 엔)

항목	2008년도 (2008년 4월 1일부터 2009년 3월 31일까지)
I 영업활동에 관한 현금흐름	
1. 당기순이익 (▲는 손실)	▲378,961
2. 영업활동에 관한 현금흐름의 조정	
(1) 감가상각비	364,806
(2) 유가증권 매각익	▲13,512
(3) 소수주주 이익 (▲는 손실)	▲24,882
(4) 매출채권의 증감액 (▲는 증가)	249,123
(5) 재고자산 증감액 (▲는 증가)	21,011
(6) 매입채무 증감액 (▲는 감소)	▲199,176
(7) 퇴직급여 충당금의 증감액 (▲는 감소)	▲107,196
(8) 기타	205,434
계	116,647

설명했듯이 감가상각비는 돈이 나가지 않는 비용이기 때문에 이익에 그것을 더해 되돌리는 것이다. 〈파나소닉〉의 감가상각비는 약 3,648억 엔이다.

이와 같이 돈이 나가지 않는 비용과 이익을 조정한다. 그리고 아래에서는 '매출채권 증감액'을 조정한다. 항목 부분을 잘 보면 '(▲는 증가)'라고 쓰여 있는 것이 보일 것이다. 이것이 무슨 의미인지 알겠는가? 매출채권(외상판매대금이나 받을 어음이다)이 증가했다는 말은 (전기의 매출액 중의) 외상 판매채권을 회수한 금액보다 (이번 기의 매출액에서) 받지 못한 금액이 늘어났다는 뜻이므로 현금흐름은 마이너스가 된다(조금 이해하기가 복잡할 것이다. 잘 이해가 되지 않는 사람은 천천히 생각해 보기 바란다. 전기에 외상으로 팔았던 대금을 받은 금액보다 이번 기에 받아야 할 돈 중에서 받지 못한 금액이 더 크다는 뜻이다). 〈파나소닉〉은 2,491억 엔의 플러스이므로 매출채권의 회수가 더 많았다는 뜻이다(회수가 더 많았으므로 매출채권은 감소한다).

'매입채무 증감액'은 현금흐름상으로는 매출채권과 반대다. 그러므로 '(▲는 감소)'가 된다. 지급한 액수가 더 많아지면 당연히 현금흐름은 마이너스다. 〈파나소닉〉은 1,992억 엔의 마이너스이므로 당기의 증가액보다 감소액이 더 많았다, 즉 지급한 금액이 더 많았음을 의미한다.

'재고자산 증감액'은 재고를 늘리면 이익과 상관없이 현금흐름은 감소하므로 '(▲는 증가)'가 된다(재고를 외상매입대금으로 늘리면 현금흐름은 변하지 않는데, 이것은 '매입 채무의 증가'로 조정한다). 〈파나소닉〉은 210억 엔 플러스이므로 그만큼 재고를 줄였다는 뜻이 된다(영업현금흐름에는 그 밖의 항목도 있지만, 본질을 설명하려면 조금 번잡하기 때문에 생략했다).

⑪ 기업이 벌어들일 수 있는 현금흐름의 실력치

앞항에서 〈어번 코퍼레이션〉이 자신들이 벌어들이는 현금흐름보다 훨씬 큰 규모의 융자를 늘려 부동산 투자에 손을 대다 파산했다고 설명했다. 시장의 상황이나 경기가 꾸준히 상승할 때는 자신들이 돈을 벌어들일 수 있는 실력 이상의 투자를 계속해도 괜찮을지 모르지만, 시장 상황이나 경기가 조금 삐끗하면 파산으로 이어질 수 있다.

그렇다면 **기업이 벌어들일 수 있는 현금흐름의 실력치**는 얼마일까? 사실은 이것을 간단하게 계산하는 방법이 있다. '**당기순이익 + 감가상각비**'로 계산하는 것이다(도표5-14).

앞에서 설명했듯이 매출액에서 비용을 뺀 것이 이익이며, 그 이익에서 세금까지 모두 뺀 것이 당기순이익이다. 이것이 이익을 기반으로 할 때, 기업이 세금을 내기 전의 이익인 당기순이익에 감가상각비를 더한 것이 기업의 최종적인 실력치다. 그러나 이익과 현금흐름은 다르다(〈어번 코퍼레이션〉도 300억 엔이 넘는 당기순이익을 올렸지만 결산 발표 후 몇 달만에 도산했다).

매출액에서 비용을 뺀 것이 이익이지만, 만약 매출액이 전부 현금으로 기 중에 결산되어, 비용도 모두 현금결제라면 '이익 = (영업)현금흐름'이 된다. 그러나 앞에서도 설명했듯이 실제로는 이익과 현금흐름이 차이가 나게 되는 요인이 있다. 먼저 비용 중에는 현금이 나가지 않는 비용이 있다. 그 대표적인 예가 감가상각비다. 따라서 돈이 나가지 않는 비용인 감가상각비를 당기순이익에 더하면 기업이 벌어들일 수 있는 현금흐름의 실력치를 간단하고 쉽게 구할 수 있다.

이익과 현금흐름이 차이가 나는 또 다른 큰 요인으로는 외상매출채권(외상판매대금, 받을 어음)과 매입채무(외상매입대금, 지급어음), 재고의 증현금흐름의 실력치란?

$$현금흐름의\ 실력치\ =\ 당기순이익\ +\ 감가상각비$$

감 등도 있다. 그러나 외상매출채권이나 매입채무은 언젠가는 결제된다. 재고도 어딘가에서 사용하거나 팔릴 것이므로 현금흐름의 실력치로서는 중립적이라고 생각된다. 또 감손이나 유가증권 등의 평가손도 감가상각비와 마찬가지로 돈이 나가지 않는 비용이지만, 이것은 항상 발생하는 것이 아닌 일과성이므로 현금흐름의 실력치를 계산할 때는 제외한다. 또 투자나 그것의 매각, 혹은 증자, 융자, 상환 등도 현금흐름을 증감시키지 않지만, 물론 이것은 실력치라고 볼 수 없다. 따라서 '순이익 + 감가상각비'가 현금흐름의 실력치가 된다.

실례를 조금 살펴보자. 먼저 〈가오〉를 예로 들자면, 〈가오〉의 최근 2년간 수치는 당기순이익이 700억 엔 전후, 감가상각비가 900억 엔 정도다. 따라서 벌어들일 수 있는 현금흐름의 실력치는 약 1,600억 엔이라고 볼 수 있다. 이것은 〈가오〉의 영업현금흐름과 거의 같다.

〈도요타 자동차〉의 예도 살펴보면, 세계 동시 불황으로 큰 손실이 나기 전까지 2년 정도는 당기순이익이 매년 1조 7,000억 엔 전후이고 감가상각비는 1조 5,000억 엔 전후였으므로 3조 2,000억 엔 정도가 실력으로 벌어들일 수 있는 현금흐름이라고 볼 수 있다. 이 숫자는 당시 〈도요타 자동차〉의 영업현금흐름과 거의 일치한다(현금흐름계산서의 영업현금흐름을 산출할 때는 외상매출채권과 매입채무, 재고의 증감과 감손손실, 평가손익 등을 가미해 계산하지만, 장기적으로 보면 이런 숫자는 앞에서 설명했듯이 현금흐름의 실력치를 계산할 때 중립적으로 생각된다).

회사의 안전성을 알고자 할 때는 각 기업이 벌어들일 수 있는 현금흐름의 실력치를 알고 〈어번 코퍼레이션〉처럼 기업이 과도한 투자를 하고 있지는 않은지 검토하는 것이 중요하다. 또 반대로 벌어들일 수 있는 현금흐름에 비해 소액의 투자밖에 하지 않을 때는 장래가 조금 걱정된다고 할 수 있다. 현금흐름 경영에서는 '버는 것'과 '쓰는 것'의 균형이 중요하다. '안전성'을 위해서는 너무 많이 쓰지 않는 것도 중요하지만, 너무 적게 쓰면 '장래성'의 관점에서 문제가 있다.

4 회사의 가격을 생각한다

이번에는 **회사의 가격**을 생각해 보도록 하자. 재무제표를 보고 회사의 적정한 가격을 판단하는 방법이다.

❶ 현금흐름할인법

회사의 가격이라고 하면 일반적으로는 **주식의 시가총액**을 말한다. '**시가총액 = 한 주당 가격×발행주식수**'다. 주가에 주식의 수를 곱한 것이다. 이 시가총액이 회사의 가격인데, 회사를 매수할 때 이 '가격'으로 매수하지 못하는 경우도 적지 않다. 그럴 때 참고가 되는 것이 M&A를 할 때 자주 사용하는 '**현금흐름할인법**'이다.

어렵게 들릴지도 모르지만 조금만 참기 바란다. 계산 방법은 다음과 같다. ① 기업이 앞으로 만들어낼 현금흐름을 먼저 각 연도별로 계산한다. ② 그것을 '현재 가치'로 고친다. 이 과정이 조금 복잡한데, 장래의 현금흐름에 금리를 사용해 계산한다('현재 가치'라는 말이 낯설지도 모르는데, 현재의 100만 엔과 1년 뒤의 100만 엔은 '금리'가 존재하기 때문에 같은 가치가 아니다. 이 장래의 돈을 금리로 나눠서 지금의 가치로 고친 것이 현재 가치다). ③ 이제 그것을 다 더한 것이 장래 현금흐름의 현재 가치다.

그리고 여기에서 '유이자부채 순액'을 뺀다. 유이자부채 순액이란

도표 5-15 현금흐름할인법과 회사의 가격

$$\text{회사의 가격}_{\text{(주식의 가치)}} = \text{장래의 현금흐름의}_{\text{현재 가치}} - \text{유이자부채 순액}$$

$$\text{장래의 현금흐름의}_{\text{현재 가치}} = \frac{CF(1)}{(1+i)} + \frac{CF(2)}{(1+i)^2} + \frac{CF(3)}{(1+i)^3} + \cdots$$

$$\left(\begin{array}{l} CF(n) \cdots \text{n년째의 현금흐름} \\ \quad i \cdots \text{금리} \end{array} \right)$$

차입금과 사채 등의 유이자부채에서 현·예금과 단기로 운용하고 있는 유가증권 등을 뺀 것이다. 즉 회사의 가격은,

장래의 현금흐름의 현재 가치 – 유이자부채 순액

으로 구할 수 있다. 이것이 M&A 등을 할 때 계산되는 '이론적인' 회사의 가격이다(도표5-15).

조금 어려웠을지도 모르지만, '장래에 창출할 현금흐름에서 유이자부채를 뺀 것이 기업의 가치'라고 기억해 두기 바란다.

ⓘ EBITDA 배율

　　투자, 펀드 등은 조금 더 간편한 방법으로 회사의 가격을 산출할 때가 있다. 'EBITDA'라는 것을 이용한 방법이다. 'EBITDA'라는 용어를 들어 본 사람은 얼마 없을 것으로 생각되는데, 'Earning Before Interest, Tax, Depreciation, Amortization'의 약자로서 '금리, 세금, 감가상각 전 이익'이라는 뜻이다. 쉽게 말하면 '영업이익에 감가상각비를 더한 것'이다.

　　앞에서 설명한 '현금흐름할인법'을 이용하는 방식은 기업이 장래에 창출할 현금흐름에 주목하기 때문에 M&A 등 미래를 내다본 투자에는 적합한 개념이지만 장래의 현금흐름을 예측하기가 힘들고 계산이 어려우며 자의적이 되기 쉬운 점 등의 문제점도 있다. 한편 EBITDA는 과거의 실제 숫자(영업이익과 감가상각비)가 바탕이 되기 때문에 자의성이 적다는 이점이 있다. 또 계산도 비교적 간단하다.

　　이 EBITDA를 사용해 회사의 가격을 계산하는 식은,

회사의 가격 = (EBITDA × X배) − 유이자부채 순액

이다. 회사의 가격은 EBITDA의 X배에서 유이자부채 순액을 뺀 값이라는 생각이다. 앞에서 설명한 현금흐름할인법을 사용하는 '장래의 현금흐름의 현재 가치 − 유이자부채 순액'과 비교하면 'EBITDA의 X배'를 '상래의 현금흐름의 현재 가치'로 바꾸었을 뿐 완전히 똑같은 식이므로, 'EBITDA의 X배'가 '장래의 현금흐름의 추이'라고 생각해도 무방

할 것이다.

지금까지 'EBITDA의 X배'라는 표현을 사용했는데, 이것을 전문용어로는 'EBITDA 배율'이라고 한다. 'X배'가 실제로 몇 배가 되는지는 M&A 시장이 얼마나 활발한가에 달려 있다. 자금이 남아돌고 경기가 비교적 좋은 '파는 자 우위의 시장'일 때는 배율이 높아진다. 반대로 자금이 부족하거나 경기가 나쁠 때는 배율이 내려간다. 개인적으로는 5배라면 매수에 적극적이며, 7배에서 8배를 넘으면 높은 감이 있다. 10배가 되면 꽤 많은 펀드가 망설이지 않을까 생각된다(이것은 나 개인의 감각이지만, 나 또한 기업 매수를 실시하는 '바이아웃 펀드'에 파트너로 관여하고 있다).

실제 기업의 재무제표를 사용해 EBITDA를 살펴보자. 사례가 될 기업은 〈가오〉다.

〈가오〉의 2008년 3월기의 EBITDA는 2,096억 9,600만 엔, 약 2,100억 엔이다. 이것은 손익계산서에 나와 있는 영업이익 1,162억 5,200만 엔에, 현금흐름계산서의 영업현금흐름에 기재된 감가상각비 934억 4,400만 엔을 더한 것이다. 2008년 3월말에 〈가오〉의 시가총액은 1조 5,259억 600만 엔, 유이자부채 순액은 2,048억 9,300만 엔이다. 이것을 앞의 식에 대입하면,

'1조 5,259억 600만 엔 = 2,096억 9,600만 엔 × X배 - 2,48억 9,300만 엔'이 된다. 여기에서 EBITDA 배율을 계산하면 8.3배가 된다.

2008년 3월말에 〈가오〉의 주가는 한 주당 2,825엔이었다. 참고로

**EV/EBITDA 배율은 저하되었지만 M&A의 관점에서는
아직 높은 느낌**

〈가오〉의 발행주식 수 540,153,701주

	주가	시가 총액	EV/EBITDA 배율
2009년 1월 5일	2,650엔	1조 4,313억 엔	7~8배
2008년 3월 31일	2,825엔	1조 5,259억 엔	8.3배

● **2008년 3월기 재무제표에서**

영업이익	1,162억 5,200만 엔
감가상각비	934억 4,400만 엔
EBITDA	2,096억 9,600만 엔

> EV/EBITDA 배율 =
> (시가 총액 + 유이자부채 순액)
> ÷ EBITDA
> 7~8배는 높은 느낌

단기차입금	218억 2,800만 엔
1년 이내 상환 예정	220억 4,900만 엔
사채	999억 9,600만 엔
장기차입금	1,697억 6,400만 엔
유이자부채	3,136억 3,700만 엔

> 금리, 세금, 감가상각전 이익

현금 · 예금	537억 8,500만 엔
유가증권	549억 5,900만 엔
현금과 현금 동등물	1,087억 4,400만 엔

유이자부채 순액	2,048억 9,300만 엔

> 유이자부채 순액
> = 유이자부채 − 현금과 현금 동등물

2009년 1월 5일 현재의 주가는 2,650엔이며 시가총액은 약 1조 4,300
억 엔이다. 이것으로 계산을 하면 EBITDA 배율은 약 7.8배가 된다.
2008년 3월기보다는 조금 낮아졌지만 M&A라는 관점에서는 조금 '높
은' 느낌이다(도표5-16).

그러나 이것은 펀드 등의 재무적인 관점이다. 물론 '시너지(상승효과)'를 생각하는 전략적인 매수자가 있다면 좀 더 고가에 매수를 생각할 수도 있을 것이다. 그럴 때 전략적 매수자는 EBITDA 배율을 생각하지 않고 앞에서 설명한 현금흐름할인법으로 생각하게 될 것이다. 자사와 하나가 되었을 때 생각할 수 있는 장래의 현금흐름을 전체로 회사의 가격을 생각하는 편이 더욱 합리적이기 때문이다.

◑ 회사의 가치를 높이려면?

지금까지 설명한 식을 보면 알 수 있듯이, 회사의 가격은 현금흐름할인법으로는 '장래의 현금흐름의 현재 가치 - 유이자부채 순액'이며 EBITDA를 사용한 방식으로는 '(EBITDA × X배) - 유이자부채 순액'이 된다. 어느 쪽이든, 장래의 현금흐름을 증가시키거나 현재의 이익을 늘리거나 유이자부채를 줄이는 것이 회사의 가격을 높이는 길이다.

아까 '버는 것과 쓰는 것'에서도 설명했지만, '쓰는 것'의 '미래투자'나 '재무개선'은 현금흐름할인법에서의 회사의 가치를 높인다. 또 '버는 것'은 영업현금흐름이나 자유현금흐름을 버는 것인데, 그 원천은 이익이므로 EBITDA를 높이는 것과 마찬가지다.

따라서 앞에서 설명한 '버는 것과 쓰는 것'을 적절히 실시하는 것이 회사의 가격을 높이는 길이 된다.

지금까지 현금흐름계산서를 설명했다. 대차대조표나 손익계산서뿐만 아니라 현금흐름계산서까지 분석하면 기업의 장래성과 수익성, 안전성을 더욱 깊게 분석할 수 있다. 기본을 이해했다면 많은 회사의 재무제표를 분석하며 경험을 쌓아 나가기 바란다. 또 신문 기사 등에도 흥미 있고 깊이 있는 내용이 많이 있다. '티끌 모아 태산'이라는 말이 있듯이, 이러한 노력 하나하나가 쌓이면 실력이 된다. 여러분의 재무제표를 읽는 능력과 경영 능력이 더욱 높아지기를 진심으로 기원한다.

1초 만에 재무제표 읽는 법 : 실전편

초판 1쇄 발행 2010년 7월 1일
초판 18쇄 발행 2021년 9월 14일

지은이 고미야 가즈요시
옮긴이 김정환
펴낸이 김선식

콘텐츠사업1팀장 임보윤 **콘텐츠사업1팀** 윤유정, 한다혜, 성기병, 문주연
마케팅본부장 이주화 **마케팅2팀** 권장규, 이고은, 김지우
미디어홍보본부장 정명찬
홍보팀 안지혜, 김재선, 이소영, 김은지, 박재연
뉴미디어팀 김선욱, 염아라, 허지호, 김혜원, 이수인, 배한진, 임유나, 석찬미
저작권팀 한승빈, 김재원
경영관리본부 허대우, 하미선, 박상민, 김민아, 윤이경, 이소희, 이우철, 김재경, 최완규, 이지우, 김혜진
외부 스태프 본문 디자인 디자인4B, 교열 최미영

펴낸곳 다산북스 **출판등록** 2005년 12월 23일 제313-2005-00277호
주소 경기도 파주시 회동길 490
전화 02-704-1724 **팩스** 02-703-2219 **이메일** dasanbooks@dasanbooks.com
홈페이지 www.dasan.group **블로그** blog.naver.com/dasan_books
종이 (주)한솔피앤에스 **출력·제본** (주)갑우문화사

ISBN 978-89-6370-277-3 03320
ISBN 978-89-6370-275-9 03320 (세트)

다산북스(DASANBOOKS)는 독자 여러분의 책에 관한 아이디어와 원고 투고를 기쁜 마음으로 기다리고 있습니다.
책 출간을 원하는 아이디어가 있으신 분은 다산북스 홈페이지 '원고투고'란으로 간단한 개요와 취지, 연락처 등을 보내주세요.
머뭇거리지 말고 문을 두드리세요.